Implementación de Calidad de Servicio basada en ISO/IEC 20000

Una Guía de Gestión

Implementación de Calidad de Servicio basada en ISO/IEC 20000

Una Guía de Gestión

MICHAEL KUNAS

IT Governance Publishing

IT Governance Publishing
IT Governance Limited
Unit 3, Clive Court
Bartholomew's Walk
Cambridgeshire Business Park
Ely
Cambridgeshire
CB7 4EA
United Kingdom

www.itgovernance.co.uk

© Michael Kunas 2012

El autor ha afirmado su derecho de autoría para ser identificado como autor de esta obra por la Ley de Derechos de Autor, Diseños y Patentes de 1988.

Publicado por primera vez en el Reino Unido en 2012
por IT Governance Publishing.

ISBN 978-1-84928-353-3

PRÓLOGO

Los últimos doce meses han sido importantes para la gestión de servicios TI, y especialmente para la norma ISO/IEC 20000. En primer lugar, por la publicación de la nueva versión de las normas ISO/IEC 20000-1:2011 (en abril de 2011) e ISO/IEC 20000-2:2012 (en febrero de 2012). En segundo lugar, por un aumento de solicitudes de propuesta del gobierno de EE.UU., lo que hace que la norma ISO/IEC 20000 sea obligatoria para las licitaciones públicas.

Recientemente, la Fuerza Aérea de EE.UU. requiere un certificado de ISO/IEC 20000 de los proveedores del sistema de Enterprise Integration and Services Management (EISM).

El RFP requiere:

'El principal contratista deberá acreditar la certificación (copia del certificado) de la norma ISO/IEC 20000. Esta certificación debe mantenerse a nivel de la organización del oferente principal de la ejecución del contrato...'

Además, dice: 'Como mínimo, el contratista principal deberá ser certificado con ISO/IEC 20000 para el período de ejecución total del contrato, que incluye opciones.'

Por último, pero no menos importante, más RFP que requieren la norma ISO/IEC 20000 están en progreso: el Departamento de Defensa de EE.UU., el NIST y el Departamento de Asuntos de los Veteranos de EE.UU. han indicado su preferencia por la norma ISO/IEC 20000 para las próximas propuestas de *help desk*.

PREFACIO

Esta guía de gestión es el resultado de algunas coincidencias.

Yo estaba en principio en busca de una versión en español de la guía de gestión de Alan Calder de la norma ISO/IEC 27000. Después de haberme puesto en contacto con Alan Calder, las discusiones siguieron y me dieron la oportunidad de escribir esta Guía para la Gestión de la Norma ISO/IEC 20000.

La otra cara de la historia es la siguiente:

Platón dijo que hay cuatro cosas que todo hombre debe hacer en su vida:

1 Plantar un árbol.
2 Escribir un libro.
3 Tener un hijo.
4 Construir una casa.

Ya he hecho las cosas número uno, tres y cuatro, así que aquí va el libro.

SOBRE EL AUTOR

Michael Kunas es auditor jefe de ISO/IEC 20000 y consultor ITSM. Él vive y trabaja con su esposa e hijo en Renania del Norte-Westfalia (Alemania). Tiene más de 15 años de experiencia en todas las áreas de ciencias de la computación.

Después de terminar su Máster en Informática en Alemania, se trasladó a Inglaterra un tiempo, donde es coautor de un libro sobre un software de matemáticas. Después de 12 años bajo el sol español ha vuelto a su patria alemana. En su tiempo libre le gusta leer libros de ciencia ficción.

AGRADECIMIENTOS

Un número de personas han ayudado en hacer posible este libro. Entre ellas Alan Calder, quien dio la oportunidad y el estímulo a la elaboración de esta Guía de Gestión. Agradezco también su ayuda a Vicky Utting por conseguir que este proyecto se lanzase. Gracias especialmente a John Custy, Managing Consultant en JPC Group, Chris Evans, ICT Compliance Manager, London Fire Brigade, H.L. (Maarten) Souw RE, IT Auditor, UWV, y a Agustín López Neira, Lead Auditor y Trainer, ISO27000.es, por su ayuda y sus sugerencias. Ellos dieron al libro una lectura más cuidadosa, y consejos basados en años de experiencia.

Gracias también a Naomi Laredo por la edición del libro. Y, por último, sin el apoyo tanto técnico como emocional de Angela Wilde, el libro no se habría iniciado o terminado.

ÍNDICE

Índice

INTRODUCCIÓN

Esta guía ofrece una visión general de gestión de los requisitos de la aplicación de un sistema de gestión de servicios, que se ajusta a los requisitos de la norma ISO/IEC 20000:2005, e incluye todas las novedades de las versiones revisadas de las normas ISO/IEC 20000-1:2011 e ISO/IEC 20000-2:2012.

Implementación de Calidad de Servicio basada en ISO/IEC 20000 está dirigido a CIO, gerentes de proyecto, consultores de ISO/IEC 20000, auditores y ejecutores de consultoría de TI, servicios de TI, y otras compañías que ofrecen servicios de TI y desean implementar la norma para mostrar a sus clientes que ofrecen el más alto estándar de calidad en sus servicios.

Este libro pretende ser una guía de gestión de la norma ISO/IEC 20000, por lo que tiene poca información sobre los antecedentes y la historia de la norma ISO/IEC 20000. Se trata de una perspectiva de la aplicación, en lugar de una guía de implementación detallada, y no es un sustituto de la lectura y del estudio de la propia norma.

CAPÍTULO 1: INTRODUCCIÓN A LA ISO/IEC 20000

La norma de Gestión de Servicios ISO/IEC 20000, publicada por las organizaciones ISO (International Organization for Standardization) e IEC (International Electrotechnical Commission), el 14 de diciembre de 2005, es el estándar reconocido internacionalmente en gestión de servicios TI. La norma ISO/IEC 20000 está basada en la serie BS 15000 desarrollada por la British Standards Institution (BSI).

El objetivo de la norma ISO/IEC 20000 es establecer un estándar de referencia común para todas las empresas que prestan servicios a clientes internos o externos. Otro objetivo es promover una terminología común. Así, la norma tiene una contribución significativa en la comunicación entre los proveedores de servicios, proveedores y clientes.

¿Cuáles son los beneficios de la implantación y certificación según la norma ISO/IEC 20000?

Estos, por supuesto, se diferencian de una organización a otra. Sin embargo, la siguiente lista es una representación bastante buena de los resultados comunes:

- Mejora de la calidad de servicio
- Aumento de negocio y confianza de clientes
- Mejora de la reputación, coherencia e interoperabilidad
- Mejora continua asegurada
- Optimización y control de costes, a través de estructuras transparentes y optimizadas

- Mejor entendimiento por parte de la dirección y el personal de sus funciones y procesos
- Ventaja en el mercado a través de un certificado expedido por un organismo reconocido, independiente de certificación
- Gestión de servicios integrada en los procesos de negocio global.

El enfoque de procesos integrados en el marco de Gestión de Servicios ITIL® es trasladado a la norma. Este marco se coloca en un modelo de proceso, que se convierte en parte del sistema de gestión de calidad y es una herramienta importante en la comunicación con los clientes. El marco enseña qué procesos controlan y mejoran continuamente la prestación de servicios.

A pesar de que existe un vínculo muy estrecho entre la ISO/IEC 20000 e ITIL, no están totalmente alineadas. Esto se debe en parte a la diferencia fundamental entre una norma y un marco. Las principales diferencias son las siguientes:

- Los requisitos de ISO/IEC 20000 son completamente independientes de la estructura de la organización o el tamaño, mientras ITIL incluye el asesoramiento y las opciones de algunos aspectos de la estructura organizativa.
- Las responsabilidades de la gestión, incluido el *Plan-Do-Check-Act* (PDCA) de los requisitos de mejora continua, son fundamentales para la norma ISO/IEC 20000, mientras en ITIL, el enfoque está en los procesos individuales.
- ISO/IEC 20000 incluye la gestión de las relaciones con el negocio y los procesos de gestión de proveedores, que no están totalmente cubiertos por ITIL.

- En la norma ISO/IEC 20000, el *Service Reporting* es un proceso independiente, mientras ITIL hace referencia a los informes de los servicios como parte de todos los procesos.
- Los procesos gestión de la continuidad y gestión de la disponibilidad del servicio se han combinado en la norma ISO/IEC 20000, mientras en ITIL son procesos separados.

Figura 1: Relación entre ISO/IEC 20000 e ITIL

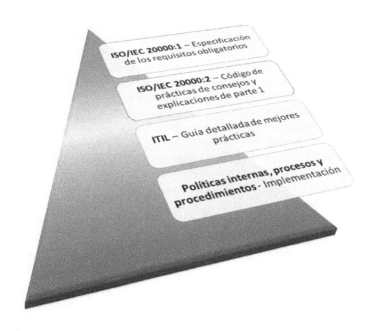

CAPÍTULO 2: CALIDAD DE SERVICIO E ISO/IEC 20000

¿Qué es la calidad?

De acuerdo con la American Society for Quality (ASQ), se define de la siguiente manera: 'un término subjetivo donde cada persona o sector tiene su propia definición. En el uso técnico, la calidad puede tener dos significados:

1 Las características de un producto o servicio que le confieren la capacidad de satisfacer necesidades explícitas o implícitas.
2 Un producto o un servicio libre de deficiencias.'

La norma ISO9000 define la calidad de la siguiente manera: 'El grado en que un conjunto de características inherentes cumple con los requisitos'. (Nota: 'calidad': el término se puede usar con adjetivos tales como pobre, buena o excelente; 'inherente', en contraposición a 'asignado', significa que existe en algo, especialmente como una característica permanente.)

La norma ISO8402-94 define la calidad como: 'El conjunto de características de una entidad que le dan a esa entidad la capacidad de satisfacer necesidades expresadas o implícitas.'

En esta tercera definición de la calidad, aparece otro concepto que hay que tener en cuenta en esta norma: la satisfacción de las necesidades explícitas e implícitas.

La calidad del servicio es el primer concepto que debe ser considerado para cualquier organización que desee implementar un Sistema de Gestión de Servicios (SMS).

2: Calidad de servicio e ISO/IEC 20000

Calidad en la gestión de servicios de TI es una de las partes más importantes de la prestación de servicios de TI. En consecuencia, la gestión de un servicio de calidad juega un papel cada vez más importante en el entorno de TI global de gestión de servicios.

La calidad se logra cuando el cliente está experimentando un valor añadido de su negocio de TI. La garantía de este valor añadido en términos de disponibilidad, rendimiento, continuidad y seguridad en las operaciones diarias, es tan importante como el apoyo técnico de las aplicaciones y tareas automatizadas.

El sistema de gestión de servicios informáticos de la norma ISO/IEC 20000 requiere la aplicación activa y el monitoreo permanente de un sistema de gestión de riesgos.

ISO/IEC 20000 consta de dos partes, Parte 1: Especificaciones (la nueva versión de la norma ISO/IEC 20000-1:2011 se llama Requisitos del Sistema de Gestión de Servicio) y Parte 2: Código de Buenas Prácticas (la nueva versión de la norma ISO/IEC 20000-2:2012 se llama Guía para la Aplicación de Sistemas de Gestión de Servicio). En la parte 1 se enumeran los requisitos y la parte 2 ofrece guía, recomendaciones y mejores prácticas para la aplicación de esos requisitos. La parte 1 es muy compacta, los requisitos se enumeran utilizando declaraciones con 'debe'. La parte 2 es un poco más descriptiva, repitiendo los requisitos de la parte 1 y suministrando la documentación, explicación y elaboración necesaria para cada uno de esos requisitos. En la parte 2 se utiliza la construcción con 'debería' en la mayoría de sus declaraciones.

CAPÍTULO 3: LA FAMILIA ISO/IEC 20000 Y NUEVAS NORMAS RELACIONADAS

La norma se organiza en las siguientes cinco partes:

3 Parte 1: ISO/IEC 20000-1:2011 – Requisitos del Sistema de Gestión de Servicios

4 Parte 2: ISO/IEC 20000-2:2012 – Guía para la Aplicación de Sistemas de Gestión de Servicio

5 Parte 3: ISO/IEC TR 20000-3:2009 – Guía para la Definición del Alcance y Aplicabilidad de la norma ISO/IEC 20000-1

6 Parte 4: ISO/IEC PRF TR 20000-4:2010 – Modelo de Proceso de Referencia

7 Parte 5: ISO/IEC TR 20000-5:2010 – Plan Ejemplar de Aplicación de la norma ISO/IEC 20000-1.

Las cinco partes se pueden encontrar en el sitio web de IT Governance, _www.itgovernance.co.uk/catalog/47_.

La segunda edición de la parte 1 se publicó el 12 de abril de 2011. En febrero de 2012 apareció la versión actualizada de la parte 2, la norma ISO/IEC 20000-2:2012, con el nuevo titulo: 'Guía para la Aplicación de Sistemas de Gestión de Servicio'.

Mientras tanto, están surgiendo otras normas relacionadas con la familia de normas ISO/IEC 20000:

• ISO/IEC 20000-7 – La Aplicación de la Norma ISO/IEC 20000-1 a la Nube
• ISO/IEC 20000-8 – Un Modelo de Evaluación de Gestión de Servicios TI

3: La familia ISO/IEC 20000 y nuevas normas relacionadas

- ISO/IEC 20000-10 – Conceptos y Terminología para la Norma ISO/IEC 20000-1
- ISO/IEC 20000-11 – Guía sobre la Relación entre la Norma ISO/IEC 20000-1 y los Marcos Relacionados
- ISO/IEC 90006 – Directrices para la Aplicación de la Norma ISO9000:2008 a la Gestión de Servicios TI
- ISO/IEC 27013 – Directrices sobre la Aplicación Integrada de la ISO/IEC 20000-1 e ISO/IEC 27001
- ISO/IEC 19770 – Conjunto de Normas Internacionales para la Gestión de Activos de Software (SAM).

ISO/IEC 20000-1:2005

ISO/IEC 20000-1:2005 promueve la adopción de un enfoque de procesos integrados para prestar eficazmente los servicios gestionados para cumplir con los requerimientos del negocio y del cliente. Para que una organización funcione de manera eficaz, tiene que identificar y gestionar numerosas actividades relacionadas. La integración y la implementación coordinadas de los procesos de gestión de servicios proporciona el control continuo, una mayor eficiencia y oportunidades de mejora continua. Todos los requisitos se enumeran utilizando declaraciones del tipo 'debe'.

ISO/IEC 20000-2:2005

ISO/IEC 20000-2:2005 es un código de prácticas. En él se describen las mejores prácticas para los procesos de gestión de servicios en el ámbito de la norma ISO/IEC 20000-1. Este código de prácticas será de gran utilidad para las organizaciones que se preparan para ser auditadas según la

3: La familia ISO/IEC 20000 y nuevas normas relacionadas

norma ISO/IEC 20000-1, o la planificación de mejoras en el servicio.

ISO/IEC 20000-1:2011

ISO/IEC 20000-1:2011 es la segunda edición de la norma ISO/IEC 20000-1 que sustituye a la edición de 2005. Las principales diferencias son:

- Nueve páginas adicionales que incluyen una introducción ampliada, requisitos adicionales, y definiciones nuevas y actualizadas
- Un nuevo título: 'Sistema de Gestión de Servicios – Requisitos' en vez de 'Especificaciones'
- Requisitos de acercamiento a los sistemas de gestión de calidad ISO9001
- Una alineación más estrecha con la norma ISO/IEC 27001 Gestión de Seguridad de la Información – Requisitos
- Una alineación más cercana con el marco ITIL V3 de mejores prácticas
- Adición de muchas definiciones más, las actualizaciones de algunas de las definiciones y la eliminación de dos definiciones
- Introducción del término 'Sistema de Gestión de Servicios'
- La combinación de las cláusulas 3 y 4 de la edición de la norma ISO/IEC 20000-1:2005, para poner todos los requisitos del sistema de gestión en una sola cláusula
- Aclaración de los requisitos para la gobernabilidad de los procesos gestionados por terceros
- Aclaración de los requisitos para definir el alcance del SMS

3: La familia ISO/IEC 20000 y nuevas normas relacionadas

- Aclaración de la aplicación de la norma
- Aclaración que la metodología PDCA se aplica a los SMS, incluyendo los procesos de gestión de servicios y los servicios
- La introducción de nuevos requisitos para el diseño y la transición de servicios nuevos o modificados
- Nueve cláusulas, en lugar de 10: la cláusula de gestión de la entrega se ha eliminado y se integra en la cláusula de los procesos de control
- La solicitud de servicios ha sido añadida a la cláusula de los procesos de resolución en el proceso de gestión de incidentes
- Requerimientos más específicos de gestión de documentación
- Una sección más explícita de elaboración de presupuestos y contabilidad
- Detalles más precisos sobre el contenido de los contratos con los proveedores.

En cuanto a la certificación de una organización, es probable que haya un período de 18–24 meses a partir de la publicación de la parte 1, para permitir que tanto las organizaciones y los auditores tengan una transición adecuada y sencilla.

3: La familia ISO/IEC 20000 y nuevas normas relacionadas

Figura 2: Comparación de la ISO/IEC 20000-1:2005 y 2011

ISO/IEC 20000-1:2005	ISO/IEC 20000-1:2011
Alcance	Alcance
Términos y definiciones	Referencias normativas
Requisitos para un sistema de gestión	Términos y definiciones
Planificación e implementación de gestión de servicios	Requisitos generales del Sistema de Gestión de Servicios
Planificación e implementación de servicios nuevos o modificados	Diseño y transición de servicios nuevos o modificados
Procesos de prestación de servicios: gestión de nivel de servicio (SLM), informes de servicio, continuidad y disponibilidad del servicio, presupuesto y contabilidad de los servicios de TI, gestión de capacidad, gestión de seguridad de la información	Procesos de prestación de servicios: (SLM), informes de servicio, continuidad y disponibilidad del servicio, presupuesto y contabilidad de los servicios de TI, gestión de capacidad, gestión de seguridad de la información
Procesos de relación: gestión de relaciones con el negocio, gestión de proveedores	Procesos de relación: gestión de relaciones con el negocio, gestión de proveedores

ISO/IEC 20000-1:2005	ISO/IEC 20000-1:2011
Procesos de resolución: incidentes y problemas	Procesos de resolución: incidentes y solicitud de servicios, problemas
Procesos de control: configuración y cambios	Procesos de control: configuración y cambios, entrega
Proceso de entrega: gestión de entrega	

ISO/IEC 20000-2:2012

ISO/IEC 20000-2:2012 es una revisión de la norma ISO/IEC 20000-2:2005, con un nuevo título, 'Guía para la Aplicación de Sistemas de Gestión de Servicio'. Se publicó a principios de febrero de 2012. La estructura del documento es idéntica a la ISO/IEC 20000-1:2011. Para cada proceso, la siguiente información se incluye en la norma:

- Intención de los requisitos
- Conceptos
- Explicación de los requisitos
- Documentos y registros
- Autoridades y responsabilidades
- Interfaces e integración.

La publicación de la norma ISO/IEC 20000-2:2012 introduce una serie de cambios a la norma. Se resumen de la siguiente manera:

3: La familia ISO/IEC 20000 y nuevas normas relacionadas

- Una alineación más estrecha con otras normas internacionales tales como ISO9001 e ISO/IEC 27001
- Cambios en la terminología para reflejar los términos de uso internacional
- Adición de una orientación en los procesos de gobernanza operados por terceros
- Detalles más precisos sobre el ámbito de un SMS
- Detalles más precisos sobre la mejora continua de los servicios y de un SMS
- Adición de una orientación en el diseño de servicios nuevos o modificados y la transición a un estado 'en vivo'.

ISO/IEC TR 20000-3:2009

ISO/IEC TR 20000-3:2009 proporciona orientación sobre el alcance de la definición, aplicación y demostración de la conformidad, los proveedores de servicios orientados a satisfacer los requisitos de la norma ISO/IEC 20000-1, o para los proveedores de servicios que están planeando mejoras en el servicio y la intención de utilizar la norma ISO/IEC 20000 como un objetivo de negocio. También puede ayudar a los proveedores de servicios que están considerando el uso de la norma ISO/IEC 20000-1 para la implementación de un sistema de gestión de servicios (SMS) y que necesitan asesoramiento concreto sobre si la norma ISO/IEC 20000-1 es aplicable a sus circunstancias, y la forma de definir el alcance de sus SMS.

ISO TR 20000-4:2010

El propósito de la norma ISO/IEC TR 20000-4:2010 es facilitar el desarrollo de un modelo de evaluación de proceso, de acuerdo con los principios del proceso de evaluación ISO/IEC 15504. ISO/IEC 15504-1 describe los conceptos y la terminología utilizada para la evaluación del proceso. ISO/IEC 15504-2 describe los requisitos para la realización de una evaluación y una escala de medición para evaluar la capacidad del proceso.

El modelo de referencia del proceso previsto en la norma ISO/IEC TR 20000-4:2010 es una representación lógica de los elementos de los procesos dentro de la gestión del servicio, que se pueden realizar a un nivel básico. Utilizar el modelo de referencia en una aplicación práctica podría requerir elementos adicionales adaptados al entorno y las circunstancias.

ISO/IEC TR 20000-5:2010

ISO/IEC TR 20000-5:2010 es un plan de implementación ejemplar. Proporciona una guía sobre cómo implementar un sistema de gestión de servicios para cumplir con los requisitos de la norma ISO/IEC 20000-1, y está pensado para los proveedores de servicios que están planeando mejoras en el servicio y tienen intención de utilizar la norma ISO/IEC 20000 como un objetivo de negocio. También podría ser útil para los proveedores de servicios de asesoramiento sobre cómo lograr mejor los requisitos de la norma ISO/IEC 20000-1.

ISO/IEC TR 20000-5:2010 incluye consejos para los proveedores de servicios en un orden adecuado en el que planificar e implementar mejoras. Se sugiere que un medicamento genérico de tres fases de aproximación se utilice para implementar un sistema de gestión de servicios.

3: La familia ISO/IEC 20000 y nuevas normas relacionadas

El enfoque por etapas proporciona un marco estructurado para priorizar y gestionar las actividades de ejecución.

ISO/IEC TR 20000-5:2010 es orientativo. El proveedor de servicios tiene la opción de elegir su secuencia propia de implementación para poner en marcha un sistema de gestión de servicios.

ISO/IEC 20000-7

ISO/IEC 20000-7 proporciona una guía sobre la aplicación de la norma ISO/IEC 20000-1 para los proveedores de servicios que ofrecen servicios en la nube y los proveedores que utilizan servicios en la nube para ofrecer sus servicios. Cualquier cosa fuera del alcance de la norma ISO/IEC 20000-1 está fuera del alcance de la aplicación de la norma ISO/IEC 20000-1 para la nube. La orientación que proporciona esta parte de ISO/IEC 20000 es aplicable a cualquier despliegue de servicios en la nube o modelo de la nube del proveedor.

Esta parte de ISO/IEC 20000 no pretende proporcionar definiciones de los servicios de *cloud computing* o detalles de su implementación. El objetivo es identificar los aspectos clave que un proveedor de servicios en la nube debería tener en cuenta en la aplicación de los procesos de ISO 20000.

ISO/IEC 20000-10

Este informe técnico explicará los conceptos y la terminología de la norma ISO/IEC 20000. Se trata de crear un marco común para que las organizaciones comprendan plenamente todas partes de la norma ISO/IEC 20000 y las interrelaciones entre estas.

3: La familia ISO/IEC 20000 y nuevas normas relacionadas

Este informe técnico será útil para cualquier organización o individuo que participe en el diseño, la implementación y la auditoría de sistemas de gestión de servicios de TI.

Más específicamente, este informe técnico va a:

* incluir una revisión de las otras normas relevantes, a las que se refieren las diferentes partes de la actual ISO/IEC 20000
* desarrollar un plan de identificación de los posibles solapamientos y se centra en lograr el cumplimiento de la norma ISO/IEC 20000
* contribuir a simplificar la norma ISO/IEC 20000 para los proveedores de servicios.

ISO/IEC 20000-11

ISO/IEC 20000-11 está todavía en desarrollo. Este informe técnico proporcionará una guía sobre la relación de la norma ISO/IEC 20000-1 con los marcos relacionados. También aportará una orientación sobre la relación de la norma con ITIL.

ISO/IEC 90006

Este informe técnico, previsto para 2013, aportará orientación sobre la aplicación de la norma ISO9001:2000 a la última versión de la norma ISO/IEC 20000-1. Tiene la intención de establecer una interpretación común en todo el mundo de las similitudes y de las diferencias entre las necesidades de ambas normas ISO9001 e ISO/IEC 20000-1. Tiene intención de apoyar la adopción empresarial y auditoría de sistemas de gestión desarrollados, siguiendo los requisitos de una o ambas normas.

ISO/IEC 27013

Esta norma está todavía en desarrollo. En la actualidad está en un estado de borrador de trabajo, que servirá de guía en la implementación de la seguridad de la información integrada y del sistema informático de gestión de servicios, basado en la ISO/IEC 27001 e ISO/IEC 20000-1, respectivamente, ya que estos sistemas de gestión están pensados para complementarse y apoyarse entre sí. La publicación no se espera antes de 2011, que es cuando tendrá lugar la próxima revisión de la norma ISO/IEC 20000-1. Esperemos que ambas normas se ajusten en este momento. Es posible que la norma resultante pueda contener dos números, como las normas ISO/IEC 20000-13 e ISO/IEC 27013. Esto reflejará su uso dentro de las dos series de normas.

ISO/IEC 19770

ISO/IEC 19770 es un conjunto internacional de normas para la gestión de activos de software (SAM). SAM es un requisito para las organizaciones que desean gestionar de forma eficaz los procesos y procedimientos, para asegurar el cumplimiento de los requisitos legales y los contratos de software. ISO/IEC 19770 tiene una fuerte relación con ISO/IEC 20000. Se construye en seis secciones principales:

1 Entorno de control
2 Planificación e implementación
3 Inventario
4 Verificación y cumplimiento
5 Gestión de operaciones
6 Ciclo de vida.

3: La familia ISO/IEC 20000 y nuevas normas relacionadas

Figura 3: La familia de ISO/IEC 20000

CAPÍTULO 4: MARCOS DE TRABAJO Y LA INTEGRACIÓN DEL SISTEMA DE GESTIÓN

La norma ISO/IEC 20000 está diseñada para armonizar con los sistemas de gestión basados en el ciclo de Deming, como ISO9001, ISO14001 e ISO27001. Esto hace que sea posible desarrollar un sistema de gestión completamente integrado que puede obtener la certificación ISO/IEC 20000, ISO9001, ISO14001 e ISO27001.

ISO9000

ISO9000 se refiere a un conjunto de estándares de calidad y gestión continua de calidad, establecidos por la Organización Internacional de Normalización (ISO). Se puede aplicar a cualquier organización o actividad productora de bienes o servicios.

Las reglas incluyen tanto los contenidos mínimos como las directrices específicas y herramientas de implementación, tales como los métodos de auditoría. ISO9000 especifica cómo opera una organización, sus normas de tiempos de calidad de entrega y niveles de servicio. Hay más de 20 elementos de la ISO9000 que se refieren a la forma en que el sistema debe funcionar.

ISO14000

Hoy, más que nunca, la gestión ambiental es un tema crucial para el éxito de cualquier negocio. Para muchos, la respuesta es un Sistema de Gestión Ambiental (EMS), un marco para la gestión de los impactos que se producen en el medio ambiente. Además de reducir los impactos negativos sobre el medio ambiente, un EMS puede reducir los costes, mejorar la eficiencia y proporcionar una ventaja competitiva a las empresas.

ISO14000 es una norma aceptada internacionalmente que ayuda a establecer un sistema EMS eficaz. Está diseñada para lograr un equilibrio entre el mantenimiento de la rentabilidad y la reducción del impacto ambiental. ISO14000 se centra en cualquier organización de cualquier tamaño o sector, que está buscando mejorar su impacto ambiental y cumplir con la legislación sobre el medio ambiente.

ISO/IEC 27000

La información es un activo vital para el éxito y la continuidad en el mercado de cualquier organización. La seguridad de la información y los sistemas que la procesan, por lo tanto, es un objetivo prioritario para todas las organizaciones.

Para la correcta gestión de la seguridad de la información, debe existir un sistema de gestión de seguridad de la información que se ocupe de esta tarea de forma metódica, documentada y esté basado en objetivos claros de evaluación de la seguridad y el riesgo.

ISO/IEC 27000 es un conjunto de estándares desarrollados por la ISO (International Organization for Standardization) y la IEC (International Electrotechnical Commission), que proporcionan un marco para la gestión de la seguridad de la información que puede utilizar cualquier organización, pública o privada, grande o pequeña.

ITIL

ITIL se puede definir como un conjunto de mejores prácticas en una serie de publicaciones que describen una posible implementación de *IT Service Management* (ITSM). ITIL resume un extenso conjunto de procedimientos de gestión, diseñados para ayudar a las organizaciones a lograr calidad y eficiencia de las operaciones de TI. Estos procedimientos son proveedores independientes y han sido desarrollados para servir como una guía que incluye toda la infraestructura, desarrollo y operaciones de TI. ITIL es propiedad de y está gestionada por la Oficina del Reino Unido de Comercio Gubernamental (OGC), que ahora es parte del nuevo grupo de Eficiencia y Reforma (ERG) en la Oficina del Gabinete.

CobiT®

Para muchas empresas, la información y la tecnología que las apoyan, representan sus activos más valiosos, pero son a menudo mal interpretadas. Las empresas exitosas reconocen los beneficios de la tecnología de la información y la utilizan para aumentar el valor de sus grupos de interés. Estas empresas también comprenden y gestionan los riesgos asociados, como el aumento de los requisitos reglamentarios y la dependencia crítica de muchos procesos de negocio en TI.

La necesidad de seguridad sobre el valor de las TI, los riesgos asociados a la gestión de TI y los mayores requerimientos de información de control, se entienden ahora como elementos clave del gobierno corporativo. El valor, el riesgo y el control constituyen la esencia de la gobernabilidad de TI.

4: Marcos de trabajo y la integración del sistema de gestión

La gobernabilidad de TI integra e institucionaliza las buenas prácticas para asegurar que TI sustenta los objetivos de negocio de la empresa.

COBIT (Objetivos de Control para Información y Tecnologías Relacionadas) es el marco internacionalmente reconocido para el gobierno y divide las tareas de TI en los procesos y objetivos de control.

COBIT no define principalmente la forma de aplicar los requisitos, sino lo que se ha implementado.

La misión de COBIT es investigar, desarrollar, publicar y promover un conjunto de objetivos de control de tecnología de la información generalmente aceptados y que están autorizados (dados por alguien con autoridad), actualizado y utilizado internacionalmente por los gerentes de empresas todos los días (incluidos los administradores) y los auditores.

COBIT fue originalmente desarrollado por la Asociación de Auditoría y Control de Sistemas de Información (ISACA). Desde el año 2000, una organización hermana de la ISACA, el IT Governance Institute, es el responsable del desarrollo y la actualización de COBIT.

CAPÍTULO 5: REQUISITOS PARA UN SISTEMA DE GESTIÓN DE SERVICIOS

Para realizar con éxito la calidad del servicio, el primer grupo de procesos de la norma ISO/IEC 20000 define los principios de una implementación exitosa del sistema de gestión de servicios. Este sistema de gestión de servicios nos permite gestionar e implementar nuestros servicios de manera efectiva.

La norma requiere un sistema de gestión de servicio que satisfaga lo siguiente:

- Responsabilidad de la gestión
- Gobernabilidad de los procesos gestionados por otras partes
- Gestión de documentación (políticas y planes, documentación de los servicios, procedimientos, registros de proceso y control)
- Gestión de recursos.

¿Cómo podemos construir un sistema de gestión de servicios que cubra los requisitos anteriores? ¿En qué documentos/descripciones de los procesos tenemos que guardar los requisitos para el cumplimiento?

Responsabilidad de la dirección

El objetivo es establecer las responsabilidades para la implementación del sistema de gestión de servicios en el nivel superior del proveedor de servicios. La gestión debe ser consciente de su responsabilidad y apoyar el sistema de gestión de servicios y sus estructuras, que son necesarias para el establecimiento y el mantenimiento de los servicios. Al mostrar un liderazgo claro y acciones activas, la alta dirección debe proporcionar una prueba verificable de que pueda cumplir con sus obligaciones para desarrollar, implementar y optimizar las capacidades de gestión de servicios.

Las responsabilidades de la gestión son los siguientes:

- Establecer las políticas de gestión de servicios, objetivos y la aplicación de planes (políticas y procedimientos).
- Transmitir la importancia de la consecución de los objetivos de gestión de servicios.
- Asegurarse de que los requisitos del cliente se determinen y se tomen medidas para satisfacer esas necesidades.
- Asignar un miembro de la gestión que sea responsable de la coordinación y la gestión de todos los servicios.
- Identificar y desplegar los recursos para la planificación, ejecución, seguimiento, revisión y mejora de la prestación de servicios y gestión de servicios.
- Creación e implementación de una gestión de riesgos para las organizaciones de gestión de servicios y servicios.

Recomendaciones prácticas sobre la implementación de responsabilidad de la gestión de los servicios

Para cumplir con los compromisos anteriores, la responsabilidad para el sistema de gestión de los servicios tiene que ser asignada a un miembro de la dirección con la suficiente autoridad. Esta persona será apoyada por un grupo de gestión que contribuye a la toma de decisiones. El individuo de gestión definido por tanto también es el dueño del sistema de gestión de servicios completo.

Política de gestión de servicios

En la política de gestión de servicios se establecen los principios de la estructura de gestión, que debe ser adoptada como una política obligatoria para cada aplicación en todas las políticas y procesos.

La política de gestión de servicios documenta la intención de la gestión, para alinear los servicios que ofrece – documentados en el catálogo de servicios – para generar valor para el cliente y para lograr los objetivos de negocio.

El enfoque constante en los marcos establecidos y las normas define cómo se logra la estrategia de la empresa.

Plan de gestión de servicios

El plan de gestión de servicios es un documento utilizado para estructurar la planificación anual de gestión del servicio. En él se definen las tareas, plazos y responsabilidades para la correcta realización de diversas actividades dentro de la organización de TI. La persona responsable de la gestión determina el marco de esta planificación, en estrecha coordinación con los propietarios de varios procesos. Este plan anual es la base para el establecimiento del proceso de mejora continua – planificar, hacer, verificar, actuar (PDCA) – de acuerdo con ISO/IEC 20000.

La implementación del plan sólo puede tener éxito si está acordado con las partes interesadas, el negocio, los principales proveedores y los administradores dentro de la organización.

Los servicios ofrecidos por la organización de gestión de servicios deben ser documentados en un catálogo de servicios y escrito en lenguaje de negocios. Este catálogo proporciona el marco para todas las actividades. Se involucran las políticas adecuadas para ejercer adecuadamente cada tarea.

Un plan de gestión de servicios debe estar preparado, en el que se registran los diferentes objetivos individuales para el próximo año fiscal. Estos incluyen las encuestas, la planificación del presupuesto, las pruebas de continuidad, fechas y responsabilidades de las distintas actividades de la gestión, tales como comité de cambios, revisiones de los procesos y la satisfacción del cliente. También fija los plazos y responsabilidades para la correcta realización de diversas actividades.

Requisitos de la documentación

El proveedor de servicios debe suministrar la documentación y registros que apoyan los procesos de gestión. Esto permite una planificación, operación y control eficaz de los procesos de gestión de servicios.

La gestión de documentación ofrece un sistema completo para un control perfecto y la regulación de todos los documentos y la información. Documentos y datos se asignan a los sistemas utilizados, para el manejo adecuado de la gestión del servicio. Este sistema es controlado, gestionado y actualizado a través de la intranet de la empresa. Se necesita una persona responsable claramente definida para todos los documentos, datos y sistemas.

Todas las actividades relevantes tienen que ser capturadas en forma de registros, que tienen que ser fáciles de encontrar. Los registros son los planes, protocolos, informes y registros de actividades empresariales. Son de gran ayuda para el proceso de la mejora continua (PDCA) de una organización de TI.

El gerente de servicios debe asegurarse de que se puede auditar el sistema de gestión de servicios. Todos los documentos y registros que se proporcionan como parte de un sistema de gestión de documentación son necesarios para este proceso.

En términos de documentación se deben cumplir las siguientes especificaciones:

- Las políticas y planes de implementación tienen que estar documentados.
- Se deben documentar los Acuerdos de Nivel de Servicio (SLA).
- Se deben documentar los procesos y procedimientos de acuerdo con esta norma.
- Los registros de la operación eficaz de los procesos deben estar documentados.
- Debe crearse un sistema de gestión de documentación que cubra los procedimientos y responsabilidades para la preparación, revisión, publicación, mantenimiento, reciclado y gestión de documentos y registros.

Recomendaciones prácticas sobre la implementación de gestión de documentación

Para la creación y gestión de documentos y registros, un proceso debe ser establecido. Los documentos son la base y fundamento para la prueba de que las directivas de gestión de servicios se cumplan.

Es necesario distinguir dos elementos esenciales:

• Los documentos que contienen los planes y las intenciones

• Los registros que demuestran la implementación efectiva.

Se tiene que demostrar que la gestión de servicios no sólo existe en papel, pero en realidad es seguida en todos los procesos. Esta prueba se debe proporcionar de manera integral. Es responsabilidad de la gestión que todas las políticas y los procesos estén documentados, comunicados, seguidos, controlados y mejorados.

Política de documentación

Para alcanzar los objetivos de gestión de servicios se necesitan unas directrices claras y documentación de procesos. Una base esencial se logra a través de la creación de una política de gestión de la documentación, que proporciona las directrices y principios para la aplicación efectiva de la norma ISO/IEC 20000.

Estructura de documentación

Para obtener una visión completa de la oferta de servicios, debe ser creado y mantenido un catálogo de servicios, con todos los servicios activos de TI. El catálogo de servicios sirve como documento clave para establecer las expectativas del cliente. Debido a la importancia de este documento, el cliente y el personal de soporte del proveedor de servicios, deben tener acceso al catálogo de servicios.

Figura 4: Tabla de las políticas, planes y procesos necesarios

ISO/IEC 20000-1:2011	Políticas	Planes	Procesos
Alcance			
Referencias normativas			
Términos y definiciones			
Requerimientos generales del sistema de gestión de servicios	Gestión de servicios, mejora continua	Gestión de servicios, auditoría interna	
Diseño y transición de servicios nuevos o modificados		Nuevo servicio	

ISO/IEC 20000-1:2011	Políticas	Planes	Procesos
Procesos de prestación de servicios: gestión de nivel de servicio (SLM), informes de servicio, continuidad y disponibilidad del servicio, presupuesto y contabilidad de los servicios de TI, capacidad, seguridad de la información	Gestión de nivel de servicio, informes de servicio, continuidad y disponibilidad del servicio, presupuesto y contabilidad de los servicios de TI, gestión de capacidad (todos los incluidos en la gestión de servicios), seguridad de la información	Informes de servicio, continuidad del servicio, disponibilidad del servicio, presupuesto, contabilidad, capacidad, seguridad	Nivel de servicio, informes de servicio, continuidad y disponibilidad del servicio, presupuesto y contabilidad de los servicios de TI, capacidad, seguridad de la información
Procesos de gestión de relación: gestión de relación con el negocio, proveedores	Relación con el negocio, proveedores (todo incluido en la gestión del servicio)		Relación con el negocio, proveedores

ISO/IEC 20000-1:2011	Políticas	Planes	Procesos
Procesos de resolución: incidentes y solicitud de servicios, problemas	Incidentes y solicitud de servicios, problemas (todos los incluidos en la gestión de servicios)		Incidentes y solicitud de servicios, problemas
Procesos de control: configuración y cambios, entrega	Configuración y cambios, entrega (todo incluido en la gestión de servicios)	Configuración y cambios, entrega	Configuración y cambios, entrega

Se pueden encontrar *kits* de herramientas que contienen toda la documentación necesaria en el sitio web de IT Governance Ltd en <u>www.itgovernance.co.uk/catalog/47</u>.

Gestión de recursos

Un sistema de gestión adecuado debe asegurar que todas aquellas personas que tienen una función de gestión dentro del servicio, tengan los conocimientos adecuados para su función. Para ello se deben definir las destrezas y habilidades necesarias para realizar cada función incluida en su sistema de gestión de servicios.

La norma pide las siguientes especificaciones:

- Todas las funciones de gestión de servicios y las responsabilidades deben estar definidas con las habilidades necesarias para una implementación efectiva.
- La competencia del personal y las necesidades de formación deben ser revisadas periódicamente.
- La alta dirección es responsable de asegurar que todos los empleados sean conscientes de la relevancia e importancia de sus actividades y su contribución a los objetivos de gestión de servicios.

Recomendaciones prácticas sobre la implementación de gestión de recursos

La dinámica y los avances tecnológicos en el área de gestión de servicios requieren una educación continua y la capacitación de los empleados. Como parte de los acuerdos de la meta anual y de los requisitos de la planificación de los servicios de gestión, las necesidades de capacitación del personal deben estar definidas y debe desarrollarse un plan de formación anual. Todas las sesiones de formación deben ser revisadas para determinar su eficacia.

Para determinar las necesidades específicas, el proveedor de servicios deberá determinar de antemano las competencias específicas para cada rol en la gestión del servicio. Debe haber un registro detallado de cada empleado sobre su formación, habilidades y experiencia.

Se recomienda una estrecha colaboración con el departamento de recursos humanos, ya que generalmente tienen los detalles de los niveles de formación de todo el personal.

Desarrollo profesional del personal

El proveedor de servicios debe desarrollar continuamente las habilidades profesionales de sus trabajadores. Las siguientes áreas se deben abordar de forma específica:

- Contratación
- Planificación
- Formación y desarrollo del personal.

Se recomienda formar equipos con los empleados activos y los nuevos empleados para proporcionar los servicios de acuerdo con las capacidades combinadas. Del mismo modo, se debe llegar a un equilibrio entre lo interno (*know-how*) y los empleados externos (conocimientos específicos).

CAPÍTULO 6: DEFINICIÓN DEL ALCANCE

En la búsqueda de la certificación, un proveedor de servicios tiene que decidir sobre el alcance del servicio a ser auditado, y acordar esto con el auditor ISO/IEC 20000, antes de la auditoría. Para las auditorías de certificación, un RCB (órgano registrado de certificación) es responsable de validar el alcance, como requisito previo para el proceso de certificación.

El requisito de alcance para un sistema de gestión de servicios (SMS) está en la cláusula 4.1 a) de la ISO/IEC 20000-1:2005, mientras que en la nueva versión, ISO/IEC 20000-1:2011, se encuentra en la cláusula 4.5.1.

Una organización puede solicitar la certificación para toda la organización, o parte de esa organización. Para la certificación no es importante si los procesos dentro del alcance de la auditoría son realizados en su totalidad por una sola organización, o realizado en parte por otras organizaciones.

La declaración explícita de alcance debe cubrir:

- Los servicios que abarca la auditoría
- Los límites geográficos o de localización (por ejemplo, un sitio, un límite regional o nacional)
- Los límites organizativos o funcionales
- Los componentes de los procesos externalizados (por ejemplo, el rendimiento de los elementos de recogida de datos de gestión de la capacidad).

Como guía, un proveedor de servicios debe ser capaz de proporcionar fácilmente lo siguiente:

- Una definición clara del alcance de los servicios y la infraestructura dentro del ámbito de la auditoría de la norma ISO/IEC 20000
- Las interfaces entre los procesos, con claridad como son controlados por el proveedor de servicios
- La información sobre el papel de los interfaces con otras organizaciones, involucradas en la prestación de servicios en general, incluidos los clientes del proveedor de servicios y sus proveedores.

Una plantilla típica de la definición del alcance es la siguiente:

El <servicio> a <clientes> dentro de los límites de la <entidad legal> <técnica> y <de organización> en <ubicaciones>.

Ejemplos de los alcances de las organizaciones ya certificadas se pueden encontrar en *www.isoiec20000certification.com/home/ISOCertifiedOrga nizations/ISOCountryListings.aspx*.

ISO/IEC TR 20000-3:2009

Esta parte de ISO/IEC 20000 le ayudará a definir el alcance, si usted está considerando el uso de la norma ISO/IEC 20000-1 para la implementación de un Sistema de Gestión de Servicios (SMS). También le será de ayuda si necesita asesoramiento específico acerca de la norma ISO/IEC 20000-1, si es aplicable a su ámbito de la organización.

Esto demuestra la forma de definir el alcance de su SMS, basado en ejemplos prácticos, para la evaluación, independientemente de si tiene experiencia previa con otras normas de sistemas de gestión.

Esta parte de ISO/IEC 20000 proporciona una lista de los principales puntos sobre el alcance establecido, sobre la aplicabilidad de la norma ISO/IEC 20000-1 y demuestra conformidad con ISO/IEC 20000-1. También incluye ejemplos de declaraciones de alcance, que varían según las circunstancias del proveedor de servicios.

CAPÍTULO 7: ANÁLISIS DE BRECHAS

Al igual que con todos los grandes proyectos que se llevan a cabo en una empresa, tenemos que mostrar primero los objetivos del proyecto (el 'qué'). Por otro lado, las ventajas y beneficios para la empresa (el 'por qué') deben ser presentados a la alta dirección, antes de iniciar el proyecto de la norma ISO/IEC 20000.

ISO/IEC 20000 no debe ser visto como un fin en sí mismo. Visto de esa manera, el personal de TI estaría únicamente estresado, sin crear ningún valor para ellos. La norma ISO/IEC 20000 tiene que ser vista más bien como el resultado de un programa de gestión de servicios de TI más grande. Este programa global tiene como objetivo el enfoque del cliente y la eficiencia de la organización de TI y la transforma en una organización de servicios de TI.

Un proyecto de ISO/IEC 20000 no es una tarea fácil y debe ser planeado como un proyecto que coordina y gestiona varios proyectos desde el principio. Antes de comenzar la planificación de estos, debe ser ejecutado un análisis de brecha para determinar la posición inicial. Los siguientes factores deben considerarse esenciales en este tipo de análisis:

- El sistema de gestión del proyecto
- El sistema de gestión de procesos
- El sistema de gestión de documentación
- El catálogo de servicios
- Las herramientas de gestión de servicios
- El nivel educativo de los equipos de gestión de servicios.

El estudio de la madurez de los procesos de la organización de servicios TI es información inicial importante para el programa de ISO/IEC 20000. Esta medida puede proporcionar información sobre los esfuerzos y tareas esperadas en la implementación de la norma ISO/IEC 20000. Además, estas mediciones se deben repetir por lo menos una vez al año, para controlar la mejora continua de los procesos de gestión de servicios de TI. Los resultados de estas mediciones deben ser una parte integral del plan de mejora de procesos.

Los principales temas para el análisis de brechas vienen de la propia norma, es decir, de las partes 1 y 2 de la norma ISO/IEC 20000. Aparte de estas dos fuentes, que se deben utilizar en el inicio del análisis, hay otras herramientas que deben ser considerados.

Usted puede encontrar *kits* de herramientas de gestión de servicios de TI y de ISO/IEC 20000 en el sitio web de IT Governance Ltd *www.itgovernance.co.uk/iso20000.aspx*.

CAPÍTULO 8: PLANIFICACIÓN E IMPLEMENTACIÓN DE GESTIÓN DE SERVICIOS

Los procedimientos y responsabilidades definidas tienen que tomarse en cuenta durante la planificación y ejecución de los requisitos de la gestión de servicios. Un sistema de gestión de servicios (SMS) es la base para ello. El desarrollo de un SMS es una tarea exigente y requiere una comprensión del propósito, las políticas y objetivos, y los procesos involucrados. Esta relación se entiende como la planificación y ejecución de la gestión de servicios. Para una implementación exitosa del sistema de gestión de servicios, la norma hace referencia al Ciclo de Deming: planificar, hacer, verificar, actuar.

El Ciclo de Deming no sólo se aplica al sistema de gestión de servicios, pero está considerado como la base para la aplicación de todos los procesos posteriores de gestión de servicios.

Planificar

El objetivo de este proceso es planificar la implementación y operación del sistema de gestión de servicios. El plan de gestión de servicios debería cubrir al menos los siguientes temas:

- El ámbito de la gestión del servicio en el proveedor de servicios
- Los objetivos de gestión de servicios que se quieren conseguir

- Los procesos necesarios, tales como la implementación, el despliegue, los cambios y mejoras en el proceso de gestión de servicios
- Roles de la alta dirección y responsabilidades del responsable del proceso y gestión de proveedores
- Interfaces entre los procesos de gestión de servicios y la forma en que las actividades están coordinadas
- Implementación de procesos de gestión de servicios en actividades concretas
- Un método que identifica, evalúa y gestiona los riesgos, los recursos y el presupuesto necesario
- Métodos para la gestión, auditoría y mejora de la calidad del servicio.

Para la implementación exitosa de estos planes, necesitamos declaraciones claras de gestión y responsabilidades documentados para la revisión, aprobación, implementación de comunicación, y el mantenimiento de los planes necesarios. Todos los procesos específicos de los planes deben ser compatibles con el plan de gestión de servicios en general.

Hacer

El objetivo de este proceso es establecer los objetivos de gestión de servicios y el plan de gestión de servicios. El plan de gestión de servicios tiene que ser implementado de la siguiente manera:

- Asignando presupuestos, roles y responsabilidades
- Gestionando presupuestos y recursos
- Coordinando procesos de gestión de servicios
- Seleccionando y formando empleados, así como medidas eficaces contra los movimientos de personal

- Liderando equipos, entre ellas el servicio al cliente y la operación del negocio
- Documentando y monitorizando planes, políticas y procedimientos para procesos varios
- Identificando y tratando los riesgos del servicio.

Después de la ejecución del plan de gestión de servicios, el enfoque debe estar en el funcionamiento y la mejora continua de los procesos de gestión de servicios. La práctica ha demostrado que el personal responsable de la implementación, debe ser sustituido por otros miembros del personal adecuados para las operaciones en curso.

Verificar

En este proceso hay que controlar, medir y examinar el logro de los objetivos de la gestión del servicio y el plan de gestión de servicios.

El proveedor de servicio debe verificar la eficacia de los procesos a través de seguimiento y medición:

- El plan de gestión debería ser revisado periódicamente.
- Estas revisiones deben determinar si los requisitos de gestión de servicios son compatibles con el plan de gestión de servicios, y los requisitos de la norma ISO/IEC 20000.
- Debe crearse un programa de auditorías.

Los resultados de la revisión y las pruebas se utilizan como *input* para el siguiente paso en el ciclo de Deming, 'actuar'. De esta manera, se puede lograr una mejora de los procesos de servicio.

Actuar

El objetivo de este proceso es aumentar la eficacia y eficiencia de la prestación de servicios y gestión de servicios.

Para identificar acciones de mejora continua, los siguientes convenios y las definiciones tienen que ser tomadas en cuenta:

- La dirección debe establecer y publicar una política que contiene una definición clara de los roles y responsabilidades para la mejora de las actividades de servicio.
- Todos los aspectos que no se ajusten a los planes de gestión de servicios deben ser eliminados.
- Un Plan de Mejora del Servicio (SIP) debe ser creado para la ejecución de todas las mejoras de servicio propuestas.
- Es necesario un proceso definido para el procesamiento de mejoras en el servicio.

Cada propietario del proceso debería gestionar las mejoras en los procesos particulares. Uno o más proyectos deberían ejecutar importantes mejoras, como la eliminación de las no conformidades con ámbito de alcance empresarial, o las mejoras en más de un proceso.

Las líneas de base tienen que ser creadas antes de implementar un plan de mejora del servicio. Basándose en estos datos, la comparación se puede hacer con las mejoras reales.

Recomendaciones prácticas sobre la implementación de planes de gestión de servicios

La implementación del Ciclo de Deming tiene que ser establecido en la organización. La documentación de todas las actividades es absolutamente esencial para la aplicación exitosa del modelo PDCA. El *output* de cada actividad es también el *input* de la siguiente actividad. Por lo tanto, la comunicación entre los procesos es de suma importancia.

Es importante que los empleados de administración de servicios tengan un profundo conocimiento de las normas de calidad del servicio y de los procesos de gestión de servicios. Este principio asegurará que se pueden tomar medidas en cualquier momento para mejorar la eficacia y la eficiencia de la prestación de servicios.

Figura 5: El Ciclo de Deming

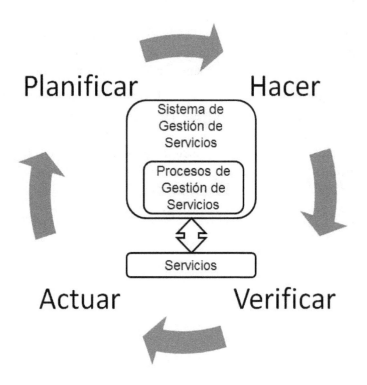

CAPÍTULO 9: EL DISEÑO Y LA TRANSICIÓN DE SERVICIOS NUEVOS Y MODIFICADOS

ISO/IEC 20000 tiene un proceso separado para la planificación e implementación de servicios nuevos o modificados. El objetivo aquí es la garantía para proveer servicios nuevos y modificados por un precio acordado y con la calidad del servicio deseada.

Para los servicios nuevos y modificados se aplican los siguientes procedimientos:

• Todos los servicios nuevos o modificados se ejecutarán de acuerdo con el ciclo PDCA.

• El impacto en los costes y en la rentabilidad tiene que tomarse en cuenta para todos los servicios nuevos o modificados.

• La implementación de servicios nuevos o modificados, incluyendo la cancelación de un servicio, debe ser planeada y aprobada formalmente por la gestión del cambio.

CAPÍTULO 10: PROCESOS DE ENTREGA DE SERVICIOS

La prestación de servicios incluye la planificación y el nivel táctico de la gestión de servicios TI. En esta área, los niveles de servicio actuales están definidos y acordados, y se proveen los informes de estos servicios. La prestación de servicios incluye los siguientes procesos: gestión de nivel de servicio, informes de servicio, capacidad, continuidad y disponibilidad del servicio, gestión de seguridad de la información, y el presupuesto de servicios de TI y de contabilidad.

Gestión de nivel de servicio

La gestión de nivel de servicio tiene como objetivo definir, acordar, registrar y gestionar los niveles de servicios. El nivel de servicio del proceso de gestión debe asegurarse de que todo el ámbito de los servicios esté acordado y documentado:

- Es necesario definir todos los servicios de TI, con sus correspondientes objetivos de nivel de servicio y características de uso.
- Cualquier servicio de TI debe estar documentado en uno o más Acuerdos de Nivel de Servicio (SLA).
- Los SLA deben contener todos acuerdos de servicios de apoyo, contratos con proveedores, y procedimientos con todas las partes involucradas.
- Los SLA están bajo el control del proceso de gestión del cambio.

- El SLA se mantiene sobre la base de las revisiones periódicas con las partes involucradas, a fin de asegurar que sigan siendo pertinentes y eficaces.
- Los niveles de servicios son monitoreados con los objetivos acordados.
- Las razones de las variaciones en el SLA tienen que ser investigadas e informadas.
- Las acciones de mejora identificadas se registrarán y se incluirán en un plan de mejora del servicio.

Recomendaciones prácticas sobre la implementación de gestión de nivel de servicio

Para cumplir con las especificaciones de la gestión de nivel de servicio, se recomienda un enfoque estructurado de acuerdo con las siguientes pautas.

Requisitos generales

El proceso de gestión de nivel de servicio no debe ser ejecutado de una manera formal y rígida, pero en su lugar, debe ser flexible y proactivo, y dirigido por el cambio. Por tanto, es de gran importancia asegurarle una solida orientación al cliente en todos los niveles y en todas las fases de la prestación de servicios. La satisfacción del cliente es una medida subjetiva y la consecución de los objetivos de servicio acordados se entiende como una medida objetiva. Por esa razón, se debe prestar una atención apropiada al servicio recibido por los clientes o usuarios.

Este proceso controla las funciones básicas del proveedor de servicios y es la base de la prestación de servicios al cliente. El proveedor de servicios debería tener suficiente información para comprender realmente los impulsores del negocio y los requerimientos del cliente. El proceso de gestión de nivel de servicio necesita una comunicación fluida entre los procesos de la relación con el negocio y la gestión de proveedores.

Catálogo de servicios

Para obtener una visión completa de la oferta de servicios, se debe crear y mantener un catálogo de servicios con todos los activos de servicios de TI. El catálogo de servicios sirve como documento clave para establecer las expectativas del cliente. Debido a la importancia de este documento, el cliente y el personal de soporte del proveedor de servicios debe tener acceso al catálogo.

Acuerdos de nivel de servicio

Los SLA serán formalmente aprobados por los representantes de los clientes y el administrador de SLA del proveedor de servicios. Los siguientes elementos deben, al menos, ser mantenidos en un SLA:

- Breve descripción del servicio en el idioma de los objetivos de servicio al cliente, comunicación e informes
- Direcciones de contacto de los responsables del tratamiento de incidentes graves y problemas, recuperación y solución de los mismos
- Horas de servicio y excepciones que se especifiquen, momentos críticos de negocio
- Planificación e interrupciones del servicio acordado, incluyendo el periodo previo y el número de interrupciones por período

- Responsabilidades del cliente, por ejemplo: la seguridad
- Responsabilidades del proveedor de servicio y obligaciones
- Política de impacto y prioridad, escalada y proceso de notificación
- Secuencia de las quejas
- Carga de trabajo (límites superior e inferior)
- Procesos de organización (procedimientos de limpieza)
- Solución de una interrupción del servicio
- Servicios de apoyo y dependientes
- Excepciones a las condiciones definidas en el SLA
- Glosario.

Acuerdos de servicios de apoyo

Se recomienda que servicios de apoyo operativo sean necesarios para la prestación del servicio. Los servicios internos deben ser acordados con el proveedor interno con Acuerdos de Nivel Operacional (OLA), mientras que los Contratos de Soporte (UC) son los acuerdos con el proveedor externo. Para ello, se requiere una estrecha cooperación con el proceso de gestión de proveedores.

Informes del servicio

Los informes del servicio tiene como objetivo la creación de informes fiables y exactos sobre el tiempo, para poder tomar decisiones informadas y tener una comunicación eficaz. Todos los informes del servicio deben estar claramente definidos, con la intención y el propósito del informe, los grupos objetivo y, sobre todo, sus fuentes de datos. Las necesidades identificadas de los requisitos de información del cliente se deben cumplir.

Los informes del servicio contendrán los siguientes datos:

- Rendimiento de servicio versus objetivos de nivel de servicio
- Lista de violaciones y asuntos abiertos
- Estadísticas de uso y características de volumen
- Registros de rendimiento para eventos importantes, tales como grandes eventos
- Registros de rendimiento de grandes cambios
- Tendencias
- Análisis de satisfacción
- Desviaciones de la conformidad.

Las decisiones de gestión y las medidas correctivas deben basarse en los resultados de los informes del servicio de apoyo y deben ser comunicadas a todas las partes interesadas.

Recomendaciones prácticas sobre la implementación de gestión de informes del servicio

El éxito de todos los procesos de gestión de servicios depende del uso de la información de los informes del servicio. Las recomendaciones descritas en las secciones siguientes proporcionan pistas importantes.

Política

Menos es más. Esto se aplica especialmente a los informes del servicio. Se recomienda que los informes se preparen sólo sobre la base de los requisitos acordados y documentados de los clientes y la gestión interna de TI. Los informes también deberían abordar la relación con los proveedores internos y externos, por ser capaz de revisar toda la cadena de servicios.

El servicio de monitoreo y presentación de informes también deben incluir mediciones actuales e históricas para detectar las tendencias de la calidad del servicio.

Propósito y revisión de calidad de informes del servicio

Para apoyar el proceso de toma de decisiones de forma efectiva, todos los informes tienen que ser oportunos, claros y precisos. También tienen que ser compatibles en cuanto a la presentación y el detalle, fáciles de entender y adecuados a las necesidades de los destinatarios.

Los informes se dividen en tres categorías diferentes:

- Informes reactivos sobre las actividades del último período
- Informes de información proactiva avanzada, por ejemplo, advertencias
- Planificación de actividades, plan rotatorio de cambio.

Gestión de continuidad y disponibilidad del servicio

Los dos procesos, la gestión de continuidad del servicio y la gestión de disponibilidad, deben asegurar que se puedan cumplir los objetivos acordados de disponibilidad y continuidad con el cliente.

Para lograr este objetivo, deben aplicarse las siguientes especificaciones:

- Los requisitos de continuidad y disponibilidad del servicio deben estar basados en la planificación de negocios, SLA y análisis de riesgo.
- Los requisitos deben tener en cuenta los derechos de acceso, los tiempos de respuesta y la disponibilidad de extremo a extremo de los componentes del sistema.
- Los planes de continuidad y disponibilidad del servicio deben ser revisados al menos anualmente, para asegurarse de que los requisitos se puedan cumplir en todo momento.
- Los planes de continuidad y disponibilidad del servicio deben ser actualizados continuamente, para asegurar que cumplan con los cambios acordados en la actividad.
- Los planes de continuidad y disponibilidad del servicio necesitan ser reanalizados después de cada cambio importante.

Recomendaciones prácticas sobre la implementación de gestión de continuidad y disponibilidad del servicio

Para cumplir con los requisitos de continuidad y disponibilidad del servicio se hacen las siguientes recomendaciones.

Recomendaciones generales

Todas las actividades y gastos, y los recursos asignados para la ejecución de los objetivos de la continuidad y disponibilidad, son imprescindibles para coordinar con los requisitos del negocio.

Disponibilidad, monitorización y actividades

Para monitorizar los servicios, hay que grabar la disponibilidad y los datos históricos de la evolución de la tendencia, con el fin de identificar las desviaciones de los objetivos definidos. También es recomendable comprobar medidas de mejora ya iniciadas a seguir, en cuanto a sus efectos.

La disponibilidad y las ventanas de mantenimiento programadas son de prever y comunicar a todos los interesados. Por lo tanto, se puede llevar a cabo el mantenimiento preventivo de orientación.

Estrategia de continuidad del servicio

El proveedor de servicios debe estar de acuerdo para crear una estrategia que cumpla con todos los objetivos de la continuidad del servicio. Parte de esta estrategia es una evaluación de riesgos, basada en la extensión del daño y la probabilidad, que tenga en cuenta tanto el servicio como el tiempo de actividad crítica especial.

Se recomienda que el proveedor de servicios establezca con cada grupo de clientes como mínimo lo siguiente:

• La cantidad máxima de tiempo aceptable sin servicio
• La cantidad máxima de tiempo aceptable con un servicio reducido
• El nivel de servicio reducido aceptado durante un período de recuperación definido.

La estrategia de la continuidad del servicio debe ser continuamente revisada al menos una vez al año, junto con representantes del negocio.

Todos los cambios en la estrategia deben ser acordados formalmente e implementados como parte de la gestión del cambio.

Plan de continuidad del servicio y pruebas

El proveedor de servicios deberá garantizar que los planes de continuidad tengan en cuenta las dependencias de los componentes del servicio y del sistema, y documentarlas. El necesario respaldo de datos, documentos relacionados, así como el software, equipos y personal, deben estar disponibles de forma rápida y fiable después de una interrupción del servicio principal o de un desastre. Al menos una copia de los documentos de la continuidad del servicio debe ser almacenada, junto con el equipo necesario, en un lugar seguro y aislado. Este lugar podría ser un centro de datos secundario o un sitio de recuperación. Lo importante en este caso es que no esté en el mismo lugar que el servicio original.

Para asegurarse de que las estrategias de continuidad de servicio puedan ser revisadas y de que las medidas sigan siendo gestionables por los empleados del servicio, los planes de recuperación de desastres tienen que ser probados con regularidad. Estas pruebas incluyen a los clientes y proveedores externos por igual. Las pruebas fallidas deben ser corregidas y verificadas. Todos los planes de continuidad del servicio y los documentos relacionados deben ser colocados bajo el control de la gestión del cambio.

Los planes de continuidad de los servicios también tienen que asignar, claramente, la responsabilidad de iniciar los escenarios de continuidad. Por lo tanto, se recomienda que el gestor de incidentes reciba instrucciones claras cuando tengan que pedir una gestión de crisis, cuando una alteración se convierta en una crisis o en un desastre.

Presupuestación y contabilidad de servicios TI

La presupuestación y la contabilidad de los servicios de TI tienen como meta presupuestar y contabilizar los costes de la prestación de servicios. La facturación no es una exigencia directa de la Norma ISO/IEC 20000. El presupuesto y la contabilidad cumplen con sus tareas en estrecha coordinación con el control de toda la empresa y la gestión de las finanzas.

Las siguientes políticas y procedimientos deberían establecerse con arreglo a la Norma:

- El sistema presupuestario y contable tiene que ser establecido para todos los componentes, incluyendo los activos de TI, recursos compartidos, gastos generales, servicios externos entregados, el personal, los seguros y licencias.
- Los costes se dividen en directos e indirectos, y se asignan en acuerdo a los servicios y centros de costes.
- El proveedor de servicios debe implementar un control financiero eficaz y regular la autorización con claridad.
- Los costes deben ser planificados con suficiente detalle, incluyendo un control financiero efectivo y una base para la toma de decisiones.
- Los proveedores de servicios deben controlar y administrar el presupuesto.
- Todos los cambios en el servicio deben calcularse en términos de coste, y ser autorizados por el proceso de gestión del cambio.

10: Procesos de entrega de servicios

Recomendaciones prácticas sobre la implementación de gestión de presupuestación y contabilidad

Presupuestación y contabilidad no debe definirse como algo totalmente nuevo. Cualquier implementación en esta área tiene que ser acordada y coordinada con la central de contabilidad de la empresa. Es conveniente la creación de políticas para la gestión de procesos de presupuestación y contabilidad. Estas políticas tienen que definir el nivel adecuado de detalle, de la siguiente manera:

- ¿Cuáles son los elementos de coste para contabilizar?
- ¿Cuál es la fórmula de asignación para los gastos generales?
- ¿Qué nivel de detalle del negocio del cliente va a ser elegido para notificar acreditamiento?
- ¿Cómo hacer frente a la desviación del presupuesto? ¿Hay alguna dependencia en términos de tamaño de la desviación? ¿Cómo se escalan las desviaciones a la alta dirección?
- ¿Cuál es la conexión con la gestión de nivel de servicio?

El esfuerzo requerido para los procesos de presupuestación y contabilidad debe estar basado en las necesidades del cliente, proveedor de servicios y proveedores. Los beneficios de la recolección de datos tienen que justificar el esfuerzo.

Para la aplicación del proceso de presupuestación y contabilidad tienen que tenerse en cuenta las siguientes recomendaciones prácticas.

Presupuestación

El presupuesto debe tener en cuenta los cambios previstos para los servicios durante el ejercicio presupuestario y, cuando sea necesario, el plan para controlar el déficit, de modo que los niveles de servicio se puedan mantener durante el año. La presupuestación también debe tener en cuenta las fluctuaciones estacionales.

El control de costes debe proporcionar un sistema de alerta precoz y los procedimientos correspondientes a las variaciones del presupuesto.

Contabilidad

El proceso de contabilidad monitoriza los costes en un determinado nivel de detalle y en un período de tiempo acordado. Todas las decisiones del proveedor de servicios deben servir para satisfacer los planes de negocio y por lo tanto necesita esta información financiera estructurada.

Es aconsejable el uso de modelos de costes que puede demostrar la prestación de servicios. De esa manera, conseguimos una comprensión de los costes, y estamos en condiciones de evaluar el impacto de la reducción de los niveles de servicio, o de una pérdida potencial del mismo, desde un punto de vista financiero.

Gestión de la capacidad

La gestión de la capacidad tiene por objeto garantizar que el proveedor de servicios siempre tenga suficiente capacidad para satisfacer las necesidades de actuales y futuros recursos del negocio ya acordados. En este sentido, la viabilidad económica significa que habrá una alta utilización de recursos.

Para proporcionar la suficiente capacidad para el almacenamiento y procesamiento de datos, el proceso de gestión de la capacidad debe garantizar los siguientes requisitos:

• La gestión de capacidad necesita crear y actualizar un plan de capacidad, teniendo en cuenta los requerimientos del negocio.

• Tienen que ser identificados y aplicados métodos, procedimientos y técnicas para monitorizar las capacidades de servicio.

• Los cambios deben ser examinados en términos de su impacto en la capacidad existente.

• Tiene que estar prevista la influencia de los avances tecnológicos.

• El plan de capacidad debe crear un análisis de la capacidad de servicio actual, como base para la toma de decisiones para las necesidades futuras.

Recomendaciones prácticas sobre la implementación de la gestión de capacidad

Con los recursos de la gestión de capacidad, los cuellos de botella se deben evitar de manera proactiva. Para cumplir con los requisitos de la gestión de capacidad, se hacen las siguientes recomendaciones de las mejores prácticas:

El proveedor de servicios debe comprender las necesidades actuales y futuras desde la perspectiva empresarial, y así derivar el futuro las necesidades de TI, alineadas con el desarrollo estratégico de negocios.

Derivadas de la estrategia de negocio, las previsiones de demanda y la capacidad tienen que ser traducidas a los requisitos específicos para la infraestructura de TI. Para ello, la respuesta de la carga de los componentes de servicio participantes, bajo volumen de operaciones diferentes, tiene que ser entendido técnicamente.

Los datos de los componentes actuales y pasados relacionados con la utilización de los recursos deben ser recogidos y analizados para el pronóstico de la capacidad.

Los servicios nuevos o modificados tienen que ser evaluados con respecto a las necesidades de capacidad en el futuro en las diversas etapas de la vida, y preparados para ello.

El plan de capacidad, que documenta el desempeño actual de la infraestructura y las necesidades previstas, tiene que ser creado y actualizado por lo menos una vez al año.

El propósito de todas las medidas de la gestión de la capacidad es la consecución de los objetivos del nivel de servicio acordado.

Gestión de la seguridad de información

La gestión de seguridad de información tiene el objetivo de controlar y vigilar con eficacia la seguridad de la información de todas las actividades de servicios. La norma se refiere al Código de Prácticas ISO/IEC 27002, que constituye una buena base para la aplicación de la seguridad de la información:

Para cumplir con los requisitos de la gestión de la seguridad de información, se deben cumplir las siguientes especificaciones:

- La alta dirección tiene que autorizar una política de seguridad de la información y la comunicará a todos los empleados, clientes y proveedores.
- Tienen que ser utilizados y documentados controles de seguridad adecuados (por ejemplo, protección antivirus, *firewalls*, programas de concienciación de seguridad), para imponer los requisitos de la política de seguridad.
- La documentación de los controles de seguridad tiene que describir los riesgos inherentes, y la naturaleza de la operación y mantenimiento de los controles.
- Todos los arreglos para cumplir con los requisitos de seguridad deben basarse en un acuerdo formal que defina todos los requisitos de seguridad necesarios.

Recomendaciones prácticas sobre la implementación de gestión de la seguridad de la información

La seguridad de la información es un sistema de directrices y procedimientos para la identificación, control y protección de la información, y todos los equipos relacionados con su almacenamiento, transmisión y procesamiento. Para cumplir con los requisitos de seguridad de la información, le ofrecemos recomendaciones de mejores prácticas en la siguiente estructura:

- Los principios de seguridad de TI
- Identificación y clasificación de los activos de información
- Evaluación de riesgos de seguridad
- Controles
- Documentos y registros.

Políticas de seguridad TI

El proveedor de servicios comprende las políticas de seguridad de TI como base para una gestión integral de seguridad. Con la definición de roles y responsabilidades, todos los empleados toman conciencia de los problemas de seguridad potenciales.

La política de seguridad de TI también proporciona información para las auditorías internas profesionales y sirve como punto de referencia para una variedad de controles de acceso y aplicaciones seguras.

Las políticas de seguridad son obligatorias para todos los miembros de la empresa, y cuando se usan con el debido cuidado y sensibilidad, pueden ser de gran ayuda para el proceso de toma de decisiones de la gestión. La política de seguridad también se aplica a los socios externos y debe ser acordada por contrato.

Los requisitos de confidencialidad, integridad y disponibilidad están determinadas por la clasificación de los activos de TI.

La política de seguridad de la información es obligatoria para cualquiera que esté trabajando en, o con la empresa (empleados, contratistas, consultores o proveedores). Su cumplimiento se verifica en una base regular. Se espera que todos los empleados sigan esta política y las resultantes normas y directrices.

La gestión de riesgos es un elemento importante para las actividades de seguridad del proveedor de servicios. Es compatible con las medidas de seguridad de la organización y ayuda a optimizar las auditorías internas y la documentación. El cumplimiento normativo es una parte esencial del Sistema de Control Interno (ICS), que apoya a la satisfacción de las necesidades de las responsabilidades legales y corporativas.

Identificación y clasificación de activos de información

Los activos de información y los datos deben ser manejados por la gestión de la configuración y tienen que ser clasificados por la criticidad del servicio. Tenemos que asignar, para cada activo del servicio, la persona responsable de su protección. Las operaciones diarias de los activos de información pueden ser delegadas a los órganos internos o externos.

Evaluación de riesgos de seguridad

Se recomienda llevar a cabo evaluaciones de riesgos de seguridad en intervalos acordados. Los riesgos identificados deben ser evaluados por su impacto y probabilidad de ocurrencia y documentados.

A la hora de determinar los riesgos, es recomendable considerar las siguientes cuestiones:

- ¿Cuáles son los riesgos de la divulgación de información confidencial a terceros no autorizados?
- ¿Cuáles son los efectos de la información inexacta, incompleta o no válida para el proceso de decisión?
- ¿Cuáles son las consecuencias para los clientes si los datos y la información de repente ya no están disponibles?
- ¿Hay requisitos adicionales de seguridad específicos de los clientes, legales o reglamentarios?

Controles

En el contexto de 'buenas prácticas', un proveedor de servicios debe emplear medidas de control. El control se define como una guía con los procedimientos, prácticas y estructuras organizacionales. Tiene que ser desarrollado con una seguridad suficiente, de modo que los objetivos de seguridad se consigan, y que se prevengan, detecten y se corrijan los eventos adversos. Estos controles deben ser definidos para todos los procesos de gestión de servicios durante el diseño, y ser considerados para su aplicación en el paquete de diseño de servicios.

Un equipo de gestión tiene que ser nombrado para la monitorización y el mantenimiento de la eficacia de la política de seguridad de la información. Los empleados con roles de seguridad específicos deberán recibir la formación correspondiente.

Documentos y registros

Los registros de seguridad deberían ser analizados de forma periódica. Los siguientes informes deben ser entregados en intervalos regulares para la gestión del proveedor de servicios:

- ¿Cómo de efectiva es la política de seguridad de la información?
- ¿Se han determinado tendencias en los incidentes de seguridad de información?
- ¿Hay suficiente control sobre el acceso a los activos de información y sistemas?

Con la implementación de un sistema de gestión de seguridad de información exhaustivo, se construyen las bases de una política de seguridad efectiva. Por lo tanto, se crea la base de servicios seguros y fiables.

CAPÍTULO 11: PROCESOS DE RELACIÓN

Los procesos de relación describen los dos aspectos de la gestión de relación con el negocio y gestión de proveedores. La norma se centra en el papel del proveedor de servicios (a menudo la organización de TI de una empresa), que es lógicamente establecido entre clientes y proveedores. Tanto los clientes como los proveedores pueden estar dentro o fuera de la organización del proveedor de servicios. Los contratos se distinguen en general por los siguientes tres niveles:

* Los acuerdos entre el cliente y los proveedores de servicios se llaman Acuerdos de Nivel de Servicio (SLA)
* El apoyo externo necesario (proveedores) para los servicios de TI acordados se formaliza con los Contratos de Soporte (UC)
* El Acuerdo de Nivel Operacional (OLA) regula las relaciones dentro de la organización para la prestación de servicios.

Para lograr buenas relaciones entre todos los interesados, tiene que haber acuerdos claros. De esta manera, todos los participantes tienen un entendimiento común sobre los requisitos del negocio, la capacidad, las condiciones y las responsabilidades respectivas. Entonces todo el mundo puede cumplir sus obligaciones.

Los procesos de relación apoyan la garantía de la satisfacción de los clientes. Esto incluye el conocimiento previo de las necesidades de negocio futuro y la comunicación a todas las partes interesadas.

El ámbito de aplicación, roles y responsabilidades de la relación con el negocio y proveedores, deben ser definidos y acordados. Elementos importantes para ello son la identificación de los interesados, los medios de comunicación y la frecuencia adecuada de los informes.

Gestión de relación con el negocio

La gestión de la relación con el negocio tiene el objetivo de entender a los clientes y los facilitadores del negocio, y utilizar ese conocimiento para establecer una buena relación entre el proveedor y el cliente.

Las especificaciones de la gestión de la relación con el negocio se definen en los siguientes requisitos:

- El proveedor de servicios tiene que identificar todas las partes interesadas y los clientes de los servicios, y documentarlos.

- El proveedor del servicio y el cliente deberían reunirse al menos anualmente para una revisión de servicios, para evaluar los cambios en el ámbito de servicios, SLA, contratos, y las necesidades empresariales actuales y proyectadas.

- Se llevan a cabo reuniones para analizar el desempeño, logros, eventos y planes de acción en intervalos acordados.

- Medidas de cambio definidas de tales reuniones deben ser puestas bajo el control del proceso de gestión del cambio.

- Para cambios más significativos (*major changes*), el proveedor de servicios está obligado a informar a sus clientes de forma continua, para responder a las necesidades cambiantes.

Recomendaciones prácticas sobre la implementación de gestión de relación con el negocio

Para cumplir con los requisitos para la gestión de la relación con el negocio, hay tres aspectos importantes que se establecen en la organización:

- Revisiones periódicas del servicio
- Reclamaciones de servicios
- Medición de satisfacción del cliente.

Revisiones periódicas del servicio

Deben realizarse revisiones de servicio al menos una vez al año, y antes y después de cambios en el servicio. El desempeño efectivo en el período anterior, las necesidades de negocio actuales y futuras, así como las propuestas de modificar el ámbito de los servicios, deben ser cubiertos por estas revisiones.

Tiene sentido acordar revisiones entre las revisiones más importantes, para hacer frente a la situación actual, los avances y los posibles problemas. Los resultados de estas revisiones deben ser registrados y comunicados a los interesados. Los acuerdos alcanzados deberán ser supervisados durante su ejecución.

El proveedor de servicios debe lograr una alianza, más que una simple relación con el cliente. Esta es la única manera de garantizar que todas las necesidades del negocio y los cambios sean transparentes, y que a todas las partes se les permita una respuesta adecuada.

11: Procesos de relación

Reclamaciones de servicio

Es una buena práctica para acordar un proceso entre el cliente y el proveedor de servicios, para que las reclamaciones pueden ser tratadas con objetividad, y respondidas apropiadamente. Todas las reclamaciones de servicio se deben documentar, investigar con rapidez, y ejecutar lo más rápido posible. Deberían hacerse informes periódicos sobre el estado de las reclamaciones para el cliente. Una vez completado con éxito, se recomienda cerrar formalmente la reclamación de acuerdo con el cliente.

Las reclamaciones pendientes deberían ser controladas regularmente. Si las reclamaciones no se resuelven en el plazo acordado con el cliente, tienen que ser escaladas a la gestión de servicios.

Los proveedores de servicios deberían analizar periódicamente las reclamaciones resultantes e identificar las posibles tendencias. Estas tienen que ser tratadas durante las reuniones regulares del cliente y pueden ser utilizadas para la implementación de mejoras del servicio.

Medición de la satisfacción del cliente

La satisfacción del cliente debe medirse con regularidad para asegurarse de que el proveedor de servicios pueda comparar el rendimiento en el trabajo con los objetivos y encuestas anteriores. El alcance y la estructura de las encuestas debe estar diseñado de tal manera que el cliente pueda presentar sus puntos de vista con poco esfuerzo.

Si hay desviaciones significativas en la satisfacción del cliente estas deben ser entendidas e investigadas adecuadamente. Los resultados y las conclusiones deben ser discutidas con el cliente. Tener un plan de acción acordado con el cliente es la base para las iniciativas de mejora de servicios posteriores. Los elogios de los clientes deben remitirse al equipo de la prestación de servicios.

Gestión de proveedores

La gestión de proveedores tiene por objeto gestionar todos los proveedores, para asegurar un suministro sin problemas de un servicio de alta calidad.

En general, varios proveedores de servicios están involucrados. A menudo se subdivide en contratista principal y subcontratistas con los proveedores. Debe quedar claramente establecido si el proveedor de servicios negocia directamente con los proveedores, o si uno de los principales proveedores acepta la responsabilidad de los suministradores subcontratados. El proceso de gestión de proveedores debe garantizar los siguientes requisitos:

- El proceso de gestión de proveedores tiene que ser documentado. Un administrador del contrato tiene que ser nombrado para cada proveedor.

- El alcance de los servicios a ser entregados por el proveedor (requisitos, alcance, niveles de servicio y los procesos de comunicación) debe ser descrito y acordado formalmente.

- Los acuerdos con proveedores tienen que ser convenidos con acuerdos sobre el nivel de servicio.

- Las interfaces entre los procesos y las partes involucradas deben estar documentadas y acordadas.

- Todos los papeles y las relaciones entre los principales proveedores y subcontratistas deben ser documentados y comunicados.

Recomendaciones prácticas sobre la implementación de gestión de proveedores

El proceso de gestión de proveedores debe asegurarse de que el proveedor entienda sus obligaciones con el proveedor de servicios. Por lo tanto, los requisitos deben estar claramente definidos y acordados. También es esencial para asegurar que todos los cambios en los acuerdos sean manejados por el proceso de gestión del cambio.

Para evitar conflictos, lo mejor es registrar todas las transacciones comerciales oficiales, entre todas las partes. El rendimiento de los proveedores debe ser monitoreado continuamente. Si se detectan diferencias en el rendimiento o la calidad del servicio del proveedor, hay que dar una respuesta adecuada.

En las secciones siguientes se describen todos los aspectos necesarios para crear un proveedor de gestión efectivo.

Gestión de contratos

El proveedor de servicios deberá nombrar a un administrador que es el responsable de todos los contratos con los proveedores y los acuerdos. También se recomienda asignar para cada proveedor una persona de contacto en la parte del proveedor de servicios.

Además, tiene que ser configurado un método para el control de la actuación del proveedor. Cada contrato de abastecimiento incluye un plan para la revisión periódica de los objetivos de negocio. Por otra parte, la base de cualquier bono contractual o sanciones deben ser declarada explícitamente. El cumplimiento o la violación de esta regla será documentada y denunciada a las autoridades competentes.

Definición de servicio

El proveedor de servicios tiene que definir el alcance de los servicios para todos los servicios del proveedor. Tienen que determinarse las funciones y responsabilidades, las autorizaciones de firma, y las condiciones para la rescisión del contrato. Otros componentes de la definición de servicio son el pago y los informes.

Gestión de disputas contractuales

El proveedor de servicios y el proveedor definen en el contrato el proceso para la solución de disputas contractuales. Para las disputas que no se puedan resolver a través de los canales normales, es necesario generar un punto de escalada de las necesidades. El proceso también necesita asegurarse de que tales conflictos se documenten, manejen apropiadamente y concluyan formalmente.

Terminación de contrato

La gestión de contrato debe incluir una definición de la terminación del contrato regular y precoz. Con el fin de no arriesgar una dependencia unilateral, es muy recomendable definir la transferencia de servicios desde el proveedor hasta un tercero, como parte de un contrato de proveedor.

CAPÍTULO 12: PROCESOS DE RESOLUCIÓN

Los procesos de resolución incluyen la gestión de incidentes y problemas. Estos son procesos separados, aunque están estrechamente relacionados. La gestión de incidentes se refiere a la recuperación del servicio para los usuarios del servicio. La gestión de problemas contrasta con la determinación y la eliminación de las causas de los problemas grandes o recurrentes, lo que garantiza una infraestructura de servicios sostenible y estable.

Gestión de incidentes

La gestión de incidentes tiene los siguientes objetivos: recuperar el servicio acordado con la empresa tan pronto como sea posible y responder a las solicitudes de servicio.

Para recuperar el servicio acordado lo más rápidamente posible los procedimientos necesarios tienen que ser definidos y seguidos. En particular, el proceso de gestión de incidentes tiene que asegurarse de los siguientes requisitos:

- Todos los incidentes deben ser registrados.
- Existen métodos para controlar el impacto de los incidentes usados.
- Los procedimientos de registro, asignación de prioridades, determinación de impacto al negocio, la clasificación, la actualización, la escalada, la resolución y el cierre de todos los incidentes deben ser definidos.
- El cliente siempre debe ser informado sobre el estado de incidentes y solicitudes de servicio.

12: Procesos de resolución

- Todos los empleados involucrados en el proceso de gestión de incidentes deben tener acceso a toda la información pertinente, tales como los errores conocidos, soluciones y la base de datos de gestión de configuración (CMDB).
- Los incidentes mayores deben ser clasificados como tales. Tiene que proporcionarse un proceso separado para la solución de estas alteraciones.

Recomendaciones prácticas sobre la implementación de gestión de incidentes

Para cumplir los requisitos de las especificaciones, tenemos que asegurarnos de que la gestión de incidentes se ha diseñado tanto como proceso reactivo y proactivo. El proceso debe centrarse en la restauración de los servicios de TI afectados, y no hacer frente a la determinación de la causa.

El proceso de incidentes (los incidentes y las solicitudes de servicio) incluye la recepción de llamadas, registro, asignación de prioridades, la consideración de las normas de seguridad, y el seguimiento del estado del incidente y del procesamiento. Por otra parte, el grado de procesamiento de fallo con el cliente, y cualquier procedimiento de escalamiento, se debe definir.

Todos los incidentes deben ser registrados para que la información relevante pueda ser identificada y analizada. El avance de los trabajos tiene que ser notificado a todas las partes afectadas. Todas las actividades deben estar totalmente registradas en el registro del incidente.

Los clientes deben, siempre que sea posible, ser capaz de continuar con su negocio correctamente. Esto también puede ser en forma de soluciones temporales.

Incidentes mayores

Para el manejo de grandes alteraciones que pueden tener un gran impacto en el negocio tiene que configurarse un procedimiento distinto. Es importante que estos incidentes mayores estén claramente definidos y comunicados. Para eliminar estos grandes problemas necesitamos un gestor previamente designado como responsable, que esté autorizado a tomar todas las medidas necesarias (escaladas, convocando a expertos externos) para resolver este incidente mayor lo más rápidamente posible.

Gestión de problemas

La gestión de problemas tiene como objetivo, mediante la identificación proactiva y el análisis de las causas de las incidencias del servicio, minimizar los efectos para la empresa.

La gestión de problemas proactiva evita la repetición de incidentes y errores conocidos. Deben cumplirse las siguientes especificaciones:

- Deben ser registrados todos los problemas identificados.
- Tienen que establecerse procedimientos para identificar, minimizar y prevenir el impacto de los incidentes y los problemas.
- Tienen que establecerse procedimientos para el registro, clasificación, actualización, escalada, resolución y cierre de todos los problemas.

- Deben tomarse medidas preventivas para reducir los problemas potenciales, por ejemplo, el seguimiento de los análisis de tendencias en los volúmenes de incidente.
- Para abordar la causa subyacente del problema, las enmiendas tienen que ser superadas con el proceso de gestión del cambio.

Recomendaciones prácticas sobre la implementación de gestión de problemas

La gestión de problemas necesita identificar las causas subyacentes de los incidentes y evitar de forma proactiva que se repitan. Los problemas se clasifican como errores conocidos, una vez que la causa es conocida, y presentan un método de solución para evitar este tipo de incidentes.

Para facilitar la gestión de incidentes con información, todos los errores conocidos y los servicios en cuestión tienen que ser documentados, y los elementos de la configuración asociada, identificados. Los errores conocidos sólo se cerrarán después de una solución final y exitosa.

Después de que la causa haya sido identificada, la solución debe ser procesada a través del proceso de gestión del cambio. Los detalles de los avances, soluciones posibles y las soluciones permanentes se comunican a todos los interesados.

El cierre de los registros de problema siempre se debe hacer con las siguientes comprobaciones:

- ¿La solución está documentada con precisión?
- ¿La causa está categorizada para apoyar el análisis en el futuro?

- ¿Los clientes afectados y el personal de soporte han sido informados con respecto a la solución?
- ¿El cliente ha confirmado que va a aceptar la solución?
- ¿El cliente ha sido informado si no se ha encontrado una solución?

Las soluciones acabadas deben ser revisadas para determinar su eficacia. En particular, identificar tendencias, tales como problemas recurrentes e incidentes, defectos, errores, errores conocidos en la versión prevista, o los compromisos de recursos de los empleados.

Gestión de problemas proactivas

La ocurrencia de incidentes y problemas puede ser reducida con medidas preventivas. La prevención de los problemas puede llevar a medidas de prevención de incidentes aislados, tales como decisiones estratégicas.

Las medidas de prevención en el contexto de la gestión de problemas también puede incluir la formación de los usuarios que puedan causar incidentes, debido a la falta de conocimientos en la gestión del servicio.

CAPÍTULO 13: PROCESOS DE CONTROL

Los procesos de control crean las condiciones esenciales para una operación de TI estable y segura, a través de una buena gestión del inventario de TI, y aseguran un cambio ordenado en TI. La gestión de cambios y de configuración son los dos procesos clave en el modelo de proceso.

Estos dos procesos permiten que un proveedor de servicios gestione los componentes de servicio e infraestructura, así como información actualizada y fiable. La información precisa es un requisito previo para la toma de decisiones en el proceso de gestión del cambio, así como para todos los demás procesos de la organización de servicio.

Gestión de la configuración

El objetivo de la gestión de la configuración es definir los componentes de los servicios e infraestructura, y para gestionar y administrar su información precisa.

El proceso de gestión de la configuración debe asegurar lo siguiente:

- Debe haber un enfoque integrado para la gestión del cambio y de configuración.
- La gestión de configuración debe tener una interfaz con la contabilidad financiera.
- Los Elementos de Configuración (CI), los componentes asociados y las relaciones deben ser definidos.
- La información utilizada para cada Elemento de Configuración (CI) tiene que ser definida.

- La Gestión de la configuración proporciona los mecanismos para identificar, controlar y controlar versiones de los componentes de la infraestructura.

Recomendaciones prácticas sobre la implementación de gestión de la configuración

Todos los principales activos y configuraciones deben ser asignados a un gerente responsable, que garantice la seguridad y el control adecuado. Esto asegurará que, antes de la implementación de cambios en el CI, se ha dado permiso.

Para cumplir con las especificaciones del proceso de gestión de la configuración, se han establecido las siguientes recomendaciones:

- Planificación e implementación
- Identificación de la configuración
- Control de configuración
- Contabilidad del Estado
- Verificación y auditoría.

Planificación e implementación

Cuando se planifica para la implementación de la gestión de configuración, se debe considerar un enfoque integrado con la gestión de cambios y de entrega .

El plan de configuración debe incluir lo siguiente:

- Alcance, objetivos, principios, normas, roles y responsabilidades
- Descripción de los procesos de la definición y los cambios en los intervalos de confianza en el servicio y la

infraestructura, para el seguimiento de los cambios a las configuraciones, para el registro y notificación de los cambios en el estado de CI, y para la verificación de los registros

- Requerimientos de contabilidad, la trazabilidad y auditabilidad
- Control de la configuración (acceso, protección, versión)
- Interfaces con los procesos de control entre las organizaciones participantes (proveedores, clientes)
- Planificación y desarrollo de los recursos para tener los activos bajo control y mantener el sistema de gestión de la configuración
- Gestión de los proveedores que realizan la gestión de configuración.

Identificación de configuración y CMDB

Deben establecerse relaciones y dependencias adecuadas entre las CI, para garantizar el necesario grado de control. Es responsabilidad de la organización de servicio garantizar la trazabilidad de todo el ciclo de vida de una CI. Las CI deben ser registradas en la base de datos de gestión de la configuración (CMDB), junto con la siguiente información:

- Información sobre los sistemas de información y software, y la documentación correspondiente (por ejemplo, especificaciones, diseño, revisiones, etc.)
- Líneas base de configuración o las descripciones de la construcción por entorno
- Copias maestras y bibliotecas electrónicas (por ejemplo, DML: Biblioteca Definitiva de Medios)
- Herramientas o paquetes de gestión de la configuración
- Licencias

- Componentes de seguridad, por ejemplo, *firewalls*
- Activos físicos, que deben ser seguidos por la gestión de activos
- Documentos relacionados con los servicios, por ejemplo, SLA y procedimientos
- Instalaciones de apoyo de servicios, por ejemplo, alimentación
- Relaciones y dependencias entre las CI.

Control de configuración

La información de configuración tiene que estar constantemente actualizada y disponible para la planificación, la toma de decisiones y cambios. La gestión de la configuración tiene que asegurarse de que únicamente las CI identificadas e autorizadas serán aceptadas y registradas. Sin la documentación y el control adecuado, las CI no se pueden añadir, modificar o retirar.

Para proteger la integridad de los sistemas, servicios e infraestructura, las CI se mantienen en un ambiente adecuado y seguro. Tienen que estar protegidas del acceso, modificación o alteración. Debe tenerse en cuenta la posibilidad de recuperación de desastres, así como la eliminación controlada de una copia del software original seguro.

Contabilidad del estado de configuración

Para reflejar los cambios (estado, ubicación y la versión) de las CI, deben mantenerse registros exactos de configuración. Los informes de gestión de configuración debe estar disponibles para todas las partes. La contabilidad del estado debe proveer datos actuales e históricos sobre el ciclo de vida de las CI.

Verificación de configuración y auditoria

Los procesos de la inspección de auditoría programados aseguran que los procesos y los recursos adecuados están en su lugar para garantizar la protección de las configuraciones físicas y el capital intelectual de la organización. Por otra parte, también garantiza que el proveedor de servicios tenga su configuración, el maestro de copias y licencias bajo control.

Debe ejecutarse una auditoría de configuración cada tres a seis meses, para asegurarse de que las CI físicas corresponden con las especificaciones del producto en la CMDB.

Gestión de cambio

El objetivo de la gestión del cambio es asegurarse de que todos los cambios sean evaluados con métodos estructurados, aprobados, implementados y verificados. El foco aquí está en el tiempo, una implementación efectiva en costes, con riesgos mínimos para las operaciones.

Cambios, tales como las nuevas versiones, actualizaciones de versiones, cambios en el *hardware*, o cambios iniciados por la gestión de incidentes y problemas, afectan siempre al medio ambiente de servicio. Para asegurarse de que todas las modificaciones sean aprobadas, implementadas y revisadas, el proceso de gestión de cambios controla todos los cambios en el entorno del sistema, con las siguientes especificaciones:

- El nivel de cambios en el servicio y la infraestructura está claramente definido y documentado.
- Todas las solicitudes de Cambio (RFC) se registran y clasifican.
- El proceso de gestión del cambio tiene que ofrecer soluciones en caso de fallo, por lo que un cambio puede ser revertido mediante un procedimiento de reversión.
- Los cambios tienen que ser aceptados primero y analizadas después. Posteriormente, se implementan de una manera controlada y se introducen en un entorno de producción.
- Todos los cambios son revisados después de su implementación. Se identifican e inician medidas necesarias de mejora.
- Para la autorización de control y ejecución de cambios de emergencia, se establecen sus propios principios y procedimiento.

Recomendaciones prácticas sobre la implementación de la gestión de cambio

Los procesos de gestión de cambio y los procedimientos tienen que asegurarse de que los cambios tienen un alcance claramente definido y documentado. Sólo los cambios con un beneficio de negocio identificado están autorizados. Los cambios deben ser planificados en función de la prioridad y el riesgo potencial. Los cambios a los componentes de la infraestructura deben ser verificados técnicamente y cualitativamente durante la implementación del cambio.

El estado de los cambios, y las fechas de ejecución previstas, son la base para el cambio y la planificación del despliegue. Debe comunicarse a todas las partes interesadas por el cambio la información relativa a las fechas.

Cierre y revisión de solicitudes de cambio

Todos los cambios deben ser revisados después del éxito o el fracaso de la implementación. Todas las medidas de mejora se identifican e implementan.

Después de todo cambio mayor, debe ejecutarse una revisión especial, una Revisión Post Implementación (PIR). En este caso, se efectúan los controles para ver si el cambio llegó a la meta, si los clientes están satisfechos con los resultados y si no ha habido efectos secundarios inesperados.

Cambios de emergencia

Los cambios de emergencia deben seguir el proceso de cambio en la medida de lo posible. Algunos aspectos pueden ser documentados después de su aplicación. Si el proceso de cambio de emergencia pasa por alto otros requisitos de gestión de cambios, el cambio debe ser devuelto después en conformidad con los requisitos, tan pronto como sea posible.

Los cambios de emergencia deben estar justificados por el implementador y probados después del cambio. La evidencia tiene que ser suministrada de que en realidad es una emergencia.

CAPÍTULO 14: PROCESO DE ENTREGA

Mientras que la gestión del cambio se centra en el control y la coordinación de los cambios, la gestión de entrega y despliegue prepara los cambios previstos para su despliegue. La gestión de entrega y despliegue tiene que estar integrada en los procesos de la configuración y de gestión de cambios, para asegurar que las emisiones y los cambios ejecutados estén coordinados. La gestión de entrega y despliegue coordina las actividades del proveedor de servicios, proveedores y procesos de negocio. El resultado es un plan de despliegue para poner una versión en el entorno de producción de TI. En la nueva versión ISO/IEC 20000-1:2011, el proceso de gestión de entrega se ha integrado en los procesos de control, y ha cambiado el nombre a proceso de gestión de entrega y despliegue.

Gestión de entrega y despliegue

La gestión de entrega y despliegue tiene como objetivo desplegar uno o más cambios en una versión en el entorno de producción, y rastrearlo después.

Una óptima planificación y una gestión estructurada son fundamentales para una implementación exitosa de un comunicado, y las medidas complementarias necesarias:

- El proceso de gestión de entrega y despliegue debe integrarse con los procesos de la gestión de configuración y de cambio.
- Los principios de versiones deben ser definidos, que determinan la frecuencia y el tipo de versión. Estos son documentados y acordados con el cliente.

- El proveedor de servicios planifica el despliegue de los servicios, sistemas, *software* y *hardware* en coordinación con la empresa. Los planes de despliegue de versiones deberían ser acordados por todas las partes interesadas.
- El proceso también contempla los escenarios de reversión.

Recomendaciones prácticas sobre la implementación de la gestión de entrega y despliegue

Una tarea importante del proceso de gestión de entrega y despliegue es la coordinación de todos los recursos, con el fin de implementar una versión en un entorno distribuido. Una buena planificación y una buena gestión son esenciales para crear versiones, para distribuir con éxito, y que los riesgos asociados al negocio y de TI estén bajo control.

Es recomendable planificar con antelación todos los aspectos del despliegue, junto con el negocio. Eso significa que todos los efectos en todas las CI asociadas deben ser evaluados, y los aspectos técnicos y no técnicos, deben ser considerados en conjunto.

Todos los elementos de versión deben ser capaces de ser rastreados y protegidos contra el cambio. Sólo versiones probadas y aprobadas pueden ser aceptadas en el entorno de producción.

Política de versiones

La política de versiones debe cubrir al menos los siguientes aspectos:

- Frecuencia y naturaleza de la versión

- Roles y responsabilidades de la gestión de entrega y despliegue
- La toma de decisiones para la transferencia a la prueba de aceptación y al entorno de producción
- Identificación clara y descripción de las versiones
- Enfoque a la agrupación de los cambios a una versión
- Enfoque a la automatización para la construcción de la versión, la distribución y la instalación
- Verificación y aceptación.

Planificación de versiones y despliegue

La implementación es finalmente la tarea real y el objetivo del proceso de gestión de entrega y despliegue. Con el fin de evitar sorpresas negativas, el lanzamiento tiene que ser planificado en consecuencia. El proveedor de servicios debe asegurarle a la empresa que los intervalos de confianza de un comunicado de prensa son compatibles con el entorno de destino. El plan de versiones asegura de que los cambios en los sistemas afectados y los servicios estén acordados, autorizados, planificados, coordinados y perseguidos.

Deben ser considerados los siguientes aspectos:

- La fecha de despliegue y la descripción de los trabajos relacionados
- Los cambios, problemas, errores conocidos y nuevos errores conocidos que se encontraron durante las pruebas
- Los procesos asociados
- Los procedimientos de retroceso
- El proceso de aceptación
- La comunicación
- La documentación

- La formación de los clientes
- La logística y procesos para la adquisición, almacenamiento, eliminación, etc.
- Los recursos de soporte necesarios
- La identificación de las dependencias y los riesgos asociados
- La firma final para la versión
- La planificación de auditorías posibles.

Diseño, construcción y configuración de una versión

Una vez recibidos, los sistemas y las versiones creadas por equipos de desarrollo internos o externos, serán revisados por la gestión de versiones, y documentado por la gestión de la configuración. La versión y la distribución deben ser diseñadas para alcanzar los siguientes objetivos:

- La conformidad con las normas del proveedor de servicios
- La integridad durante todas las fases
- El uso de bibliotecas autorizadas
- La identificación de los riesgos e implementación de medidas de respuestas
- La verificación de la plataforma de destino antes del despliegue
- La verificación de que una versión sea completa después de la transferencia.

El *output* del proceso de construcción nos ofrece notas de la versión, las instrucciones de instalación y el *software* instalado y el *hardware* asociado con una configuración básica. Este *output* se pasa al grupo de prueba para examinar su función en detalle. Para aumentar la eficacia y eficiencia, estas fases deben ser automatizadas en la medida de lo posible.

Verificación de versión y aceptación

Cada versión debe recibir una aprobación formal por parte del personal autorizado. El proceso de verificación y aceptación incluye:

- La verificación de que el entorno de prueba corresponda al entorno de producción
- La garantía de que la versión se construya a partir de las CI controladas
- La verificación de la ejecución de las pruebas adecuadas
- La garantía de que las pruebas fueron realizadas a satisfacción de negocio y la TI
- La garantía de que la autoridad de versión firme cada etapa de las pruebas de aceptación
- La verificación, antes de la instalación, de la plataforma de destino cumpla con los requisitos del *hardware* y *software*
- La verificación de que la versión sea completa después de la implementación.

Documentación

Se recomienda proporcionar la documentación adecuada y ponerla bajo el control de gestión de la configuración. La documentación incluye:

- La documentación completa del soporte
- El resumen del sistema y los procedimientos de instalación y soporte

14: Proceso de entrega

- La construcción, la versión, la instalación y el despliegue de los procesos
- Los planes de emergencia y de retroceso
- Los planes de formación para TI y del negocio
- La línea de base de configuración, con las CI asociadas
- Los cambios, problemas y errores conocidos asociados
- La detección de la autorización de versión
- La verificación y aceptación
- Los detalles de los errores conocidos deben ser comunicados a la gestión de incidencias
- Si la versión es rechazada, demorada o cancelada, debe informarse de la gestión del cambio.

Despliegue, implementación e instalación

El plan de despliegue debe ser revisado con antelación. Se debe asegurar que la versión puede ser desplegada con seguridad en su plataforma de destino. Los procesos de despliegue, implementación e instalación aseguraran que:

- Todo el *hardware* y *software* de almacenamiento de las áreas es seguro
- Los procedimientos apropiados para el almacenamiento, entrega, recepción y disposición existen
- Las verificaciones en las instalaciones, equipos y sistemas eléctricos son planificadas y realizadas
- Todas las partes interesadas son conscientes de los nuevos versiones
- Los productos, servicios y licencias innecesarias son inválidos.

Las versiones deberían ser comprobadas en términos de utilidad e integridad. Una vez instaladas, todas las CI tienen que ser actualizadas con la ubicación y propietario. Los resultados de la aceptación de los clientes y las encuestas de satisfacción tienen que ser entregadas a la gestión de las relaciones comerciales.

Después del despliegue, la implementación e instalación

Los incidentes que pueden ser asignados a las versiones tienen que ser medidos y analizados después de la implementación. El proceso de gestión del cambio lleva a cabo una Revisión Post Implementación (PIR). Las recomendaciones de la revisión deben incluirse en el Plan de Mejora del Servicio (SIP).

CAPÍTULO 15: PREPARANDO PARA LA AUDITORÍA

En la última etapa de la preparación de la auditoría interna, se debe definir el alcance final de la auditoría con el auditor, con el fin de definir el marco de la certificación. El gerente de servicios de TI también debe supervisar la disposición de la organización de servicio, la limpieza de los documentos de la auditoría interna, y compilarlos en un dossier para el auditor. Finalmente, el momento exacto y los recursos necesarios para la auditoría interna deberían estar de acuerdo con la empresa de certificación.

La auditoría interna es un indicador esencial de la situación del sistema de gestión.

A partir de la norma ISO/IEC 20000 en sí, así como del documento diseñado para la implementación del sistema de gestión (plan de implementación para la gestión de servicios), el grado de cumplimiento de las pruebas o registros documentales generados tiene que ser evaluado.

Las no conformidades, las acciones de mejora identificados en la auditoría interna, y el plan de acciones correctivas propuesto para superarlas, son esenciales para la fase de la revisión por la dirección.

La auditoría interna es generalmente presentada como una auditoría de documentación pesada. Por esta razón, es importante que la documentación pueda ser presentada al auditor claramente estructurada. El auditor obtiene, en base a estos documentos, su primera impresión de la calidad y la madurez de la norma ISO/IEC 20000 de la organización de servicios de TI. El marco de gestión de documentos y el sistema de gestión de procesos se demostrará aquí por primera vez.

Después de revisar los documentos y entrevistar a algunos de los gerentes de procesos, el auditor interno crea un informe sobre la auditoría interna. En este informe, los procesos individuales se evalúan en general y se hacen sugerencias para su mejoramiento, en vista de la auditoría de certificación.

BIBLIOGRAFÍA

- ISO/IEC 20000-1:2011 Information technology – Service management – Part 1: Service management system requirements.
- ISO/IEC 20000-2:2012 Information technology – Service management – Part 2: Guidance on the application of service management systems.
- ISO/IEC TR 20000-3:2009 Information technology – Service management – Part 3: Guidance on scope definition and applicability of ISO/IEC 20000-1.
- ISO/IEC TR 20000-4:2010 Information technology – Service management – Part 4: Process reference model.
- ISO/IEC TR 20000-5:2010 Information technology – Service management – Part 5: Exemplar implementation plan for ISO/IEC 20000-1.
- BrightTALK webcast: Destination ISO/IEC 20000: Industry News and Updates webcast, Channel: itSMF USA, 17 Feb 2011.
- Network Centric Solutions-2 (NETCENTS-2) Enterprise Integration and Service Management Draft Request for Proposal (RFP), FA8771-09-R-0008.

RECURSOS DE ITG

IT Governance Ltd (ITG) crea y ofrece productos y servicios para satisfacer las necesidades cambiantes del mundo real del gobierno de TI de las organizaciones actuales, directores, gerentes y profesionales. El sitio web de ITG (*www.itgovernance.co.uk*) es la tienda internacional para la información de gobierno corporativo TI, asesoramiento, orientación, libros, herramientas, formación y consultoría.

www.itgovernance.co.uk/iso20000.aspx es la página de información en nuestro sitio web para nuestros recursos ISO20000.

Otros sitios web

Libros y herramientas de IT Governance publicados por IT Governance Publishing (ITGP) están disponibles en todas las librerías de negocios y también están disponibles inmediatamente en las siguientes páginas:

www.itgovernance.co.uk/catalog/355 ofrece información y servicios en línea de compra de todos los libros disponibles en la actualidad publicados por ITGP.

www.itgovernance.eu es nuestro sitio web basado en euros que entrega desde Benelux y tiene un alcance cada vez mayor de libros en lenguas europeas que no sean inglés.

www.itgovernanceusa.com es un sitio web basado en dólares EE.UU. que ofrece la gama completa de productos de IT Governance de América del Norte, y los envía dentro de los EE.UU.

www.itgovernanceasia.com ofrece una selecta gama de productos ITGP específicamente para clientes en el sur de Asia.

Recursos de ITG

www.27001.com es el sitio web de IT Governance Ltd que se ocupa específicamente de la gestión de seguridad de la información, y lo envía dentro de los EE.UU.

Guías de bolsillo

Para los detalles de toda la gama de guías de bolsillo, siga los enlaces en *www.itgovernance.co.uk/publishing.aspx*.

Kits de herramientas

La exclusiva gama de herramientas de ITG incluye el *IT Governance Framework Toolkit*, que contiene todas las herramientas y la orientación que usted necesita con el fin de desarrollar e implementar un marco de gobernanza adecuado para su organización. Los detalles completos se pueden encontrar en *www.itgovernance.co.uk/ products/519*.

Entre en *www.itgovernance.co.uk/calder_moir.aspx* y encontrará un documento gratis sobre cómo utilizar el *Calder-Moir IT Governance Framework*, y una versión de prueba gratuita de la guía.

También hay una amplia gama de *kits* de herramientas para simplificar la implementación de sistemas de gestión, tales como ISO/IEC 27001 SGSI o BS25999 BCMS, y todos estos se pueden ver y comprar en línea en *www.itgovernance.co.uk/catalog/1*.

Informes de Mejores Prácticas

La gama de Informes de Mejores Prácticas de ITG se encuentra ahora en *www.itgovernance.co.uk/best-practice-reports.aspx*. Estos le ofrecen información esencial, pertinente e investigada por expertos en una serie de cuestiones clave, como la Web 2.0 y Green IT.

Formación y consultoría

IT Governance Ltd también ofrece servicios de capacitación y consultoría en todo el espectro de disciplinas en el ámbito de gestión de la información.

Los detalles de los cursos de formación se pueden acceder en *www.itgovernance.co.uk/training.aspx* y las descripciones de nuestros servicios de consultoría se pueden encontrar en *www.itgovernance.co.uk/consulting.aspx*. ¿Por qué no se pone en contacto con nosotros para ver cómo podemos ayudarle a usted en su organización?

Boletín de novedades

La gobernabilidad de TI es uno de los temas más candentes en los negocios de hoy, entre otras cosas porque también es el movimiento más rápido, así que ¿qué mejor manera de seguir el ritmo mediante la suscripción gratuita al boletín mensual de ITG, *Sentinel*? Proporciona actualizaciones mensuales y recursos en todo el espectro de temas de la gobernabilidad, que incluye gestión de riesgos, seguridad de la información, ITIL y gestión de servicios TI, gestión de proyectos, cumplimiento y mucho más. Suscríbase para recibir su copia gratuita en: *www.itgovernance.co.uk/newsletter.aspx*.

EU for product safety is Stephen Evans, The Mill Enterprise Hub, Stagreenan, Drogheda, Co. Louth, A92 CD3D, Ireland. (servicecentre@itgovernance.eu)